신뢰의 마법

Trust

● 일러두기

영어의 한글 표기는 국립국어원의 '외래어 표기법' 기준을 따르는 것을 원칙으로 하되, 실제 발음과 차이가 큰 경우나 일상적으로 사용하는 발음과 다른 경우는 실제 발음에 가깝게 표기했다.
예) followership : 폴로어십(외래어 표기법 기준) → 팔로워십(본서 표기)

직원들의 마음을 움직이는 35가지 방법

신뢰의 마법

김경익 · 박성현 지음

다산 3.0

작은 것이라도 함께 해낼 때 신뢰가 싹튼다

2012년 7월. 서초동 예술의 전당 주변, 악기점과 음악학원이 즐비한 조용한 동네에 '에브리온TV'라는 한 작은 회사가 문을 열었다. 에브리온TV는 전 세계 누구나 자신이 만든 동영상을 배포할 수 있는, 인터넷 UCC 동영상 서비스의 노하우를 가진 판도라TV와 케이블TV 방송사업자인 현대HCN의 합자 회사이다. 즉, 케이블 방송 등 250여 개의 채널을 PC와 스마트폰, 태블릿PC 등에서 무료로 시청할 수 있는 서비스를 제공하는 벤처기업이다.

많은 벤처기업이 그렇듯 우리 역시 "규모가 고작 그 정도였어?"라는 소리가 나올 만큼 작게 시작했다. 에브리온TV는 3명이서 시작하여 2년이 지난 지금도 약 20명이 꾸려나가는, 주변에서 흔히 볼 수 있는 작은 회사다. 따라서 내가 이 책을 쓴 이유는 간단하다. 우리처럼 작은 회사를 시작하는 분들에게 회사를 제대로 운영하고 시행착오를 줄일 수 있는 노하우를 알려주기 위해서이다.

많은 경영자들은 경쟁력 있는 회사를 만들기 위해 수많은 책을 읽고, 값비싼 비용을 지불하며, 강의를 신청한다. 하지만 책을 읽거나 강의를 들을 때는 잘될 것 같은 일들이 막상 회사로 돌아와 실행해보면 절대 생각만큼 되지 않는다. 이처럼 경영자가 되면 월급쟁이 시절에는 결코 느낄 수 없었던 수준의 '현실과 이상의 차이', '생각과 실행의 차이'를 뼈저리게 실감하게 된다.

생각한 것만큼 실행이 이뤄지지 않는 데에는 여러 가지 이유가 있겠지만, 나는 회사 내에 '신뢰'가 없는 것이 가장 큰 문제라고 생각한다. 좋은 전략, 실행력, 추진력 등 회사를 이끄는 요인은 많지만 그중에서도 내가 '신뢰'라는 가치를 일 순위로 두는 이유는 따로 있다. 아무리 좋은 경영 전략도 구성원들의 진심 어린 동의 없이는 성공하기 어렵기 때문이다. 그리고 구성원들의 동의를 얻기 위해서는 결국 그들의 '마음'을 얻어야 한다. 사람의 마음을 얻는 일이 얼마나 어려운지는 여러분도 이미 잘 알고 있으리라 생각한다.

처음 연애할 때를 떠올려보자. 그녀 혹은 그의 마음을 얻기 위해 우리는 얼마나 많은 고민을 거듭하는가? 하지만 알다시피 10번 고민하고 100번 시도해도 한 번 잘될까 말까 한 것이 상대의 마음을 얻는 일이다. 사랑하는 단 한 사람의 마음을 얻는 것도 이토록 힘이 드는데, 회사에 있는 여러 직원들의 마음을 일일이 헤아리는 건 얼마나 힘겨울지 알 만하다.

이 책에서 이야기하는 35가지 매뉴얼은 내가 에브리온TV 대표로 있었던 약 2년 동안 직원들의 마음을 얻기 위해 한 일이다(나는 2012년 6월 초대 대표이사로 취임해 2013년 6월까지 맡았으며, 그 후로는 이사회 멤버로 있다. '에브리온TV 프로젝트'가 판도라TV에서 2011년 7월경에 시작되었으므로 이로부터 1년, 회사 설립 후 대표이사로 1년, 이렇게 총 2년간 경영에 직접 관여하였고, 현재는 판도라TV 설립자 겸 대표로서 간접적으로 관여 중이다). 노파심에 말하지만 지금부터 내가 말하는 것들이 어떤 이에게는 빤하디 빤한 얘기처럼 들릴 수도 있다. 하지만 중요한 건, 그 당연한 것을 제대로 실행하고 있는 경영자는 그리 많지 않다는 사실이다.

우리의 시도가 성공적인지 아닌지는 더 먼 미래를 두고 말해야겠지만, 단순히 '우리가 좋았으니 좋은 거다'라는 사실에 도취되어 이 책을 집필한 것은 절대 아님을 밝혀둔다. 에브리온TV는 비록 작은 회사지만, 그렇게 구성원들끼리 신뢰를 쌓아온 결과, 나름 경쟁력 있는 조직으로 거듭날 수 있었다. 그리고 우리를 벤치마킹하는 기업들도 하나둘씩 생겨났다. 우리 스스로도 긍정적인 변화를 체험했고, 다른 기업에서도 벤치마킹 후 좋은 결과를 내놓고 있기에 이 책에서 제시하는 매뉴얼이 어느 정도는 '검증된 이야기'라 생각한다. 그리고 그것들은 마음만 먹는다면 당장 내일부터라도 실행할 수 있을 만큼 쉽고 간단하다는 게 중요하다.

사실 모바일용 동영상 서비스를 무료로 제공한다고 했을 때 우려의 목소리가 많았다. 이미 휴대전화로 공중파 방송을 무료로 볼 수 있는데 누가 공중파 방송도 없는 모바일용 동영상 서비스를 이용하겠느냐는 것이었다.

그러나 우리는 예상과는 다른 해법을 내놓았다. 서비스를 단지 휴대전화에 국한시키지 않은 것이다. 우리가 준비하고 있는 서비스는 인터넷 기반의 동영상 서비스였기 때문에 'DMB가 지원되지 않는 휴대전화'에서도 서비스가 가능했다. 따라서 휴대전화뿐 아니라 스마트TV 등에도 적용 가능하고, 국내뿐 아니라 해외 시장까지 뻗어나갈 수 있다는 점을 강력히 어필해왔다.

그 결과는 어땠을까? 대성공이었다! 에브리온TV는 서비스 출시 일주일 만에 전체 앱 다운로드 1위를 기록하며 이용자들의 폭발적인 지지를 받았고, 지금은 360만 다운로드를 넘어섰다(2014년 6월 기준). 이는 우리가 머리를 맞대고 고민해서 내놓은 탁월한 전략과 번뜩이는 통찰력이 일구어낸 결과이리라.

그러나 나는 이것이 단지 그것들 때문만은 아니라고 생각한다. 그전에 우리는 직원들의 창의성을 최대한 끌어낼 수 있는 시스템과 기업문화, 그리고 최강의 팀워크를 갖추고 있었다. 잠깐이라도 회사를 운영해봤다면 창의적 발상이란 것은 결코 우연히 얻어지지 않는다는 사실을 잘 알 것이다.

우리 직원들에게는 출근부터 퇴근까지 업무 외 총 30가지 일이 더 있다. 그 일이란 '같이 사무실을 청소한다', '아침 체조를 한다', '사무실에 흘러나올 음악을 튼다', '냉장고에 음료수를 가득 채워 넣는다' 등과 같은 것이다.

'저런 것을 굳이 왜 하냐', '어이가 없다' 등 부정적인 반응을 보이는 분들도 분명 계실 것이다. 충분히 이해한다. 우리도 처음엔 과연 이게 효과가 있을지 반신반의했다. 하지만 신기하게도 사소한 행동이 일상이 되자, 에브리온TV에는 늘 새로운 아이디어가 공기처럼 둥둥 떠다니기 시작했다.

그래서 나는 이제 확신한다. 우리가 만든 모든 업적은 바로 이 '사소하고 어이없어 보이는 매뉴얼' 덕분에 가능했음을 말이다. 사실 이 책에서 제시하는 것들 중에는 '이상적인 회사'라고 하면 많은 분들이 한 번쯤은 떠올렸을 법한, 이미 '흔해빠진' 방법들도 분명 있을 것이다. 그러나 핵심은 우리는 그것들을 단지 머릿속에 남기지 않고, 실제로 다 실행해보았다는 데 있다.

특히 창업 후 3년까지, 경영자는 작은 돈에도 매우 예민할 수밖에 없다. 그렇기에 나는 우리의 매뉴얼이 그들에게 희소식이 될 수 있으리라 생각한다. 이 35가지 매뉴얼은 적은 돈으로도 충분히 실천할 수 있는 것들이기 때문이다.

사업가에게 필요한 것은 멋진 말로 채워진 실행 불가능한 경영서가 아니다. 나는 가장 좋은 매뉴얼은 '실행 가능한 매뉴얼'이라 생각한다. 작지만 강한 회사가 되기 위해서는 기본적으로 변화에 열려 있는 자세를 갖고, 직원들의 마음을 얻기 위해 노력해야 한다. 이 두 가지만 완벽히 갖추면 시장을 강타할 아이템이나 근면 성실한 태도, 긍정적인 조직 분위기는 자동적으로 만들어진다.

지난해 5월 15일 스승의 날, 몇 년 전에 회사를 그만둔 직원이 나를 찾아왔다. 오랜만에 마주한 옛 얼굴이 무척 반가우면서도 무슨 일로 찾아왔을까 궁금했다. 그런데 뜻밖에도 내게 빨간 카네이션 한 송이를 건네는 것이 아닌가.

"스승의 날이 되니까 문득 의장님 생각이 나더라고요. 함께 일하면서 많은 것을 배웠으니 저한테는 스승님과 다름없습니다."

사업을 하면서 커다란 성취의 순간을 여러 번 경험했지만 이때만큼 가슴이 뜨겁고 기뻤던 적은 없었다. 이때 나는 내가 우리 회사의 리더라는 사실이 그 어느 때보다 자랑스러웠다.

회사를 운영하는 것은 결국 '사람의 마음을 운영'하는 것이다. 회사를 경영하는 데 있어 지금까지 알려지지 않은 엄청난 특급 비법 따위 있을 리가 없다. 회사 경영의 비법은 큰 회사, 작은 회사, IT 기업, 건설업, 골프장을 막론하고 오직 한 가지다. 직원들의 마음을 얻는 것, 그뿐이다.

2014년 6월 판교 판도라TV에서

김경익

CONTENTS

Part1
작은 회사 처음 시작하기
● 신뢰가 싹트는 사무실 공간 세팅법

Part2
작지만 구글보다 강한 기업문화 만들기

● 신뢰를 쌓는 우리만의 스토리텔링법

Part3
리더와 소통하는 최고의 인재 키우기

● 신뢰로 성장시키는 인재 육성법

Part1
작은 회사 처음 시작하기

신뢰가 싹트는
사무실
공간 세팅법

01
사무실은
단지 일하는 곳이 아니다

에브리온TV 직원들의 일상은 여느 회사 직원들의 일상과는 조금 다르다. 우리 직원들은 회사에 오면 가장 먼저 사내 카페에서 차 한잔을 마신다. 아침 식사를 하지 못하고 온 직원들은 카페에 비치된 과자나 시리얼 등으로 간단히 요기한다. 점심식사 후에도 그들은 역시 카페에 둘러앉아 가벼운 대화를 나눈다. 일하다 잠시 휴식을 취하고 싶은 직원은 창밖을 바라보고 앉아 깊은 생각에 잠기기도 한다.

나는 사내에는 언제나 먹을거리가 풍부해야 한다는 확고한 경영 철학을 갖고 있다. 그래서 내가 먹을 것에 심히 집착한다고 생각하는 사람들이 꽤 있는데, 먹거리를 중시하는 이유는 간단하다. 음식이 사람의 마음에 큰 영향을 끼치기 때문이다.

어렵게 생각할 필요도 없다. 배가 고프면 일이 잘되지 않는다. 우리가 오래 머물고 싶은 공간을 떠올려보자. 마음이 편안하고 맛있는 냄새가 코를 자극하는, 보기만 해도 배가 부를 만큼 풍부한 먹거리를 마음껏 즐길 수 있는 곳이 아닐까? 나는 바로 우리 회사가 이런 공간이 되길 바랐다. 최소한 우리 직원들이 배고파서 일을 진행하지 못하는 비극은 절대 없었으면 한다.

2011년, 나는 대웅제약의 구내식당에 갔다가 깜짝 놀란 경험이 있다. 회사 건물 1층에 있는 꽤 큰 규모의 식당은 직원들을 위해 무료로 운영되고 있었다. 메뉴가 약 10가지로 다양했을 뿐 아니라, 구내식당을 이용하고 싶지 않은 직원들은 지정된 곳에서 사인을 하고 식권을 받으면 외부에서 식사를 할 수도 있었다. 그때 나는 여러 모로 직원들의 요구를 섬세하게 반영한 이 제도에 매우 감탄했다. 그리고 나도 이렇게 디테일한 부분까지 신경 쓰는 사장이 되어야겠다고 마음먹었다.

약 20년이라는 짧지 않은 시간 동안 회사를 운영하며 알게 된 사실 중 하나는 직원들이 회사에 있는 시간을 지겨워해서는 절대 좋은 성과가 나오지 않는다는 것이다. 일이란 것이 편안하고 즐거운 '일상'이 될 때만이 지속적인 성과로 이어진다.

우리 회사는 회사 면적의 60퍼센트가 카페이며, 회사에는 늘 진한 커피 향과 함께 잔잔한 음악이 흐른다. 사무실에 들어서면 블

루와 오렌지 톤의 화사한 컬러가 벽면을 감싸고, 카페에서나 볼 법한 환한 조명, 그리고 수많은 화분들이 먼저 눈에 들어온다.

사무실을 단지 '일하는 공간'이라고 생각하면 그건 오산이다. 단순히 책상과 컴퓨터만 놓여 있다고 해서 일이 착착 진행되는 것은 아니기 때문이다. 사무실은 반드시 그곳에서 일하는 사람들의 마음을 즐겁게, 그리고 행복하게 만들어줘야 한다.

상상해보자. 잿빛의 삭막하고 딱딱한 콘크리트로 이루어진 사무실과 오렌지 톤의 벽지에 은은한 조명이 설치된 카페 같은 사무실, 어디로 향하는 발걸음이 더 가벼울까?

공간은 사람의 마음을 지배하고, 여유 있는 태도와 행복한 마음을 만들며, 바로 이런 곳에서 창의적인 아이디어도 샘솟는다. 우리가 기분 전환을 하고 새로운 아이디어를 짜내야 할 때 탁 트인 쾌적한 공간에 가고 싶어 하는 심리도 같은 이치이다.

회의실이 많은 사무실을 생각해보자. 그것이 기업문화나 직원들의 심리에 별 영향이 없을 것 같겠지만 결코 그렇지 않다. 불필요하게 많은 회의실은 자꾸만 '사내 정치'를 만들어낸다. 그리고 괜스레 남의 말을 하는 분위기를 만들어내기도 한다. 특히 높은 직책을 가진 사람들이 회의실에서 자기들끼리만 쑥덕거리면 아랫사람들은 그들에게 의구심을 품고 점차 조직에 대한 신뢰를 잃게 된다. 그러면서 구성원들 간에 분열이 일어난다. 그렇기에 이왕이면 회의실 벽은 투명 유리로 만드는 게 좋다. 이로써 직원들에게 신뢰감을 주

삭막한 콘크리트로 이루어진 사무실과 하늘색 벽지에 은은한 조명이 설치된 카페 같은 사무실, 어디로 향하는 발걸음이 더 가벼울까?

고 세련미도 확보할 수 있다.

판도라TV의 경우 회의실 천정을 외부와 연결시켜 회의실 내부 소리가 밖으로 들리도록 설계했다. 이와 같은 개방형 회의실은 회의 내용을 질적으로 개선시키며, 자연스럽게 서로를 믿고 소통하는 분위기를 만들어낸다.

경제협력개발기구(OECD) 2013년 보고서에 의하면 우리나라 근로자들의 근로시간은 OECD 평균을 훨씬 웃도는 데 반해 노동생산성은 최하위권에 맴돈다고 한다. 그렇다면 근로자들이 늦은 시간까지 일을 하는 이유는 무엇일까?

2014 고용노동부의 조사결과를 보면 근로자들이 야근을 하는 이유는 야근을 당연시하는 회사 문화(25.8%), 근무 시간 중 낮은 업무 효율(20.9%), 상사의 눈치(9.4%) 순이다. 결국 꼭 일을 해야 하는 것도 아닌데 그저 눈치를 보느라 자기 자리를 지키고 있는 것이다.

업무 효율에 있어 중요한 것은 '얼마나 일을 하는가'가 아니라 '어떻게 일을 하는가'이다. 따라서 굳이 서로를 감시하지 않아도 모두가 제대로 일을 하고 있다는 믿음이 팽배한 기업풍토부터 만들어야 한다. 그리고 이를 위해서는 먼저 열린 마음으로 일할 수 있는 공간을 제공해야 한다.

　지식정보사회에서 기업의 경쟁력은 직원들의 창의력으로부터 나온다. 이것은 아침저녁으로 직원들을 닦달한다고, 밤늦게까지 직원들을 회사에 붙잡아둔다고 해서 될 일이 아니다. 경영자들이 할 수 있는 첫 번째 일은 직원들이 자유롭게 생각의 나래를 펼칠 수 있는 '좋은 환경'을 제공해주는 것이다. 지금 경영자는 살아남기 위해 직원들을 행복하게 해줘야 하는 시대를 살고 있다.

02
가장 좋은 자리는
직원들에게 내준다

사무실에서 가장 넓은, 창이 널찍하고 확 트인 공간은 대부분 사장을 위한 곳이다. 반면, 창이 드문드문하게 있고 책상이 다닥다닥 붙어 있는 답답한 공간은 대개 직원들이 차지하고 있다. 이는 우리가 흔히 접하는 사무실 풍경이다.

물론 사장이 회사의 중심이 되는 사람이니 그것을 꼭 나쁘다고 단정 지을 수는 없다. 그럼에도 나는 그런 공간을 볼 때마다 안타까운 마음이 든다. 대부분의 사장들이 그 좋은 공간을 잘 활용하고 있지 않기 때문이다. 사장들은 외근이 많아 사무실에 계속 앉아 있는 일이 드물다. 그러니 당연히 그곳은 거의 텅텅 비어 있다.

그래서 나는 에브리온TV에 사장실을 따로 만들지 않기로 했다. 특별히 방을 따로 만들어야 할 만큼 독립적인 공간이 필요하지도 않았을뿐더러, 나 역시 외근이 많기 때문이다. 내 책상은 그저 직원들 책상 옆에 똑같이 놓으면 그만이었다. 그리고 사장실이 만들어졌을 법한 공간은 직원들을 위한 카페로 만들었다.

작은 회사는 규모가 크지 않은 만큼 주어진 자원으로 최대의 효과를 낼 수 있는 방법을 치열하게 고민해야 한다. '공간 활용' 역시 고민해야 할 사안 중 하나이다. 우리 회사 사무실 총면적은 약 60평으로 그리 크지 않지만, 20명 정도가 쓰기에 결코 좁지 않다. 또, 우리는 사내 카페 공간을 조금이라도 더 확보하기 위해 회의실도 만들지 않았다. 그러나 간혹 조용한 공간이 필요할 때를 대비해 사무실에 붙어 있는 베란다를 회의실로 개조해서 쓰고 있다.

사업을 하다 보면 인정하고 싶지 않아도 기업의 자산은 결국 직원들임을 뼈저리게 깨닫게 된다. 구성원들이 자발적으로 열정을 발휘하지 않는 회사는 결코 발전할 수 없다. 특히나 우리가 속한 IT 업계는 변화에 민감해야 하는 만큼 창의적 발상이 무엇보다 중요하다. 그야말로 '사람이 전부'인 분야라 할 수 있다.

나는 사장과 직원의 관계는 궁극적으로 서로의 발전을 꾀하는 파트너가 되어야 한다고 생각한다. 이를 위해서는 직원들을 항상 최우선으로 둬야 한다. 회사를 세워서 성공하고 싶다면 나와 같이 일하는 직원들이 성공의 열쇠를 쥐고 있음을 명심하라. 직원들은 나의 부족함을 채워주고 내가 미처 다 하기 어려운 일들을 해주는 사람들이다. 그들의 도움 없이는 당신 혼자 그 어떤 일도 잘해낼 수 없다.

사장이 쓸 공간을 직원들에게 내어주는 것도 함께 성장하기 위한 더없이 좋은 방법이다. 직원들과 더 많은 시간을 함께할 수 있고, 사장의 배려를 시각적으로 느끼게 할 수 있기 때문이다.

물론 직원들과 붙어 있는 시간을 그들을 관리하고 감시하는 데에 쏟는다면 역효과만 날 것이다. 사장이 직원들과 즐겁게 지낼 수 있는 방법은 단 하나다. '겸손한 태도'로 직원들에게 성심성의를 다하는 것이다. 직원들은 나와 다르다는 것을 인정하고 그들을 존중해야 한다. 그러지 않으면 직원들은 좋은 생각이 있어도 입을 꾹 다물게 되고, 어느 순간 나 혼자만 말하고 움직이는 상황에 맞닥뜨리게 된다.

아직도 사장실의 크기가 회사의 성장과 비례한다고 생각하는가? 앤드루 그로브(Andrew S. Grove) 전 인텔 회장은 직원들과 똑같은 크기의 책상에서 함께 일하며 역대 최고의 실적을 내 세계를 놀라게 했다. 이렇듯 사장실의 크기와 기업의 실적은 아무런 연관이 없다.

또, 우리 회사에는 복장 규제가 없다. 나 역시 면 티셔츠에 청바지 차림으로 출근한다. 2013년 미국 소비자가전전시회(CES)에서 삼성전자 윤부근 사장은 세련된 세미캐주얼 차림으로 나타나 사람들을 놀라게 했다. 이는 전형적인 대기업 임원의 정장 차림으로 등

내 책상은 직원들의 것과 똑같다. 게다가 평소에 티셔츠에 청바지 차림으로 다니니 직원들도 나를 더 친근하게 여기는 것 같다.

장했던, 2009년 독일 가전전시회(IFA) 당시 모습과 대비되어 더더욱 이목을 끌었다. 전문가들은 이러한 복장의 변화를 통해 삼성이 보수적 기업에서 변화와 혁신을 추구하는 기업으로 변신을 꾀하고 있음을 엿볼 수 있다고 분석했다.

삼성전자 사장의 옷차림이 곧 삼성의 변화를 보여주듯이 옷은 단순히 몸에 걸치는 천 조각 그 이상의 의미를 갖고 있다. 양복에 번쩍번쩍 광을 낸 구두를 신고 있으면 행동도 조심스러워지고, 청바지에 운동화를 신고 있으면 행동거지가 자연스러워지듯, 옷차림은 사람의 몸과 마음을 지배한다.

나는 직원들이 회사를 '내 집'처럼 편안하게 생각하길 바라기에 직원들 각자 본인이 제일 좋아하는 옷, 편안한 옷을 입을 수 있게 하였다. 심리적 부담감을 벗어던지고 바닥에 털썩 앉을 수도 있고, 어깨가 뻐근하면 편히 스트레칭도 할 수 있도록 말이다.

나는 복장 규제가 회사를 운영하는 데 꼭 필요한 일은 아니라고 본다. 그동안 해온 관성 때문에 불필요한 일을 직원들에게 강요할 이유는 없다. 물론 반드시 격식을 갖춰야만 하는 일을 주로 하는 경우는 예외적일 수도 있다. 그러나 옷차림이 본인의 업무에 큰 지장을 주는 상황이 아니라면, 이것은 회사가 이래라 저래라 할 수 있는 사안은 아니라 생각한다. 직원들이 양복을 입든, 청바지에 티셔츠 차림으로 다니든 중요한 것은 겉모습이 아니라 얼마나 즐거운 마음으로 일을 하고 있느냐는 것이기 때문이다.

허례허식을 과감히 벗어던지고 직원들을 존중하는 마음으로 회사를 이끌자, 직원들의 얼굴에는 항상 미소가 가득했다. 나 역시 회사로 가는 발걸음이 달라졌다. 예전에는 일이란 것이 전투와 같았다면 이제는 즐거운 놀이처럼 느껴진다. 어깨에 힘이 빠지자 움직임도 자유로워졌다. 나를 내려놓자, 오래 사업을 해온 나도 이렇게 매일 색다른 변화를 체험하고 있다.

새로 사업을 시작하는 경영자는 욕심이 많다. 그 마음, 나도 충분히 이해한다. 하지만 그동안 경영자의 지나친 욕심이 얼마나 많은 일을 그르치게 만드는지 숱하게 겪었기 때문에 이제는 과하게 일을 벌이지 않으려고 부단히 노력한다. 그리고 직원들에게는 항상 우리가 적지 않은 성과를 거두고 있다고 말하며 용기를 북돋아준다. 이것은 맘만 먹으면 누구나 할 수 있는 매우 간단한 일이다.

사랑도 표현해야 상대방이 아는 법이다. 내가 먼저 마음을 열고 직원들을 대하면 그들도 나에게 미소로 보답한다. 경영자의 진심을 눈에 보이게 표현하는 것, 나는 이것이야말로 최고의 팀워크를 만드는 지름길이라 굳게 믿는다.

03 파티션을 없애면 대화가 쉬워진다

에브리온TV 사무실은 일반 사무 공간과 카페 공간, 이렇게 두 개의 공간으로 분리되어 있으며 이 둘 사이에는 화분들이 놓여 있다. 즉, 에브리온TV 사무실에는 파티션이 없다. 말 그대로 '벽이 없는 사무실'이다.

오랫동안 파티션을 두고 일해왔다면 '파티션 없이 어떻게 집중하지?'라는 의문을 가질지도 모른다. 실제로 사무실에 파티션을 놓지 않겠다고 말했을 때 직원들 몇몇은 파티션이 없으면 집중도 안 되고, 개인 공간이 없어 불편할 수도 있다는 의견을 내놓기도 했다.

물론 그런 부분이 없지 않아 있을 것이다. 하지만 직접 경험해본 결과, 파티션이 없는 환경은 일하는 데 결코 큰 방해가 되지 않는다. 아니, 오히려 회사 분위기를 더 좋게 만든다.

　　요즘엔 옆집에 누가 사는지, 그들은 어떤 일을 하는지에 대해 자세히 알고 지내는 경우가 거의 없다. 하지만 한 동네에 사는 이웃 사촌들과 가족처럼 지내는 게 당연했던 때도 있었다. 사실 낮은 담을 두고 서로 계속 부대끼며 살았던 시절에는 서로 모르고 지내려야 모를 수가 없다. 계속 마주치니 서로 안부를 묻게 되고, 자연스럽게 친분이 쌓이는 것이다.

　　그러나 아파트는 다르다. 이웃 간에 물리적 거리는 가까워도 실제로는 높은 벽으로 차단되어 있고, 사생활 보호 및 치안 차원에서 더더욱 서로 신경을 끈 채 살아가기 때문에 상대의 공간에 들어가는 일 또한 매우 조심스럽다.

　　나는 회사의 파티션이야말로 아파트의 벽처럼 소통을 가로막는 '사내 장벽'이라 생각한다. 파티션이 있으면 서로 가까이 앉아 있어도 옆 사람에게 말을 걸기가 어렵다. 일어서서 혹은 상대가 있는 쪽으로 가서 말을 해야 하기 때문에 말을 하고 싶어도 지레 포기하는 경우도 많다. 그리고 상대에게 다가가도 그 사람의 공간을 침범하는 것 같아 실례를 범하는 듯한 죄책감마저 든다. 더구나 앉아 있는 상태에서는 상대의 얼굴을 전혀 볼 수 없어 상대방의 기분을 알아차리기도 어렵고, 다른 사람의 상황이 어떤지도 모르니 말을 걸 때도 더더욱 조심스러워질 수밖에 없다.

　　하지만 파티션이 없어지면 분위기가 완전히 달라진다. 일단 서로 얼굴을 볼 수 있기 때문에 상대가 무슨 일을 하고 있는지, 어떤 기분인지 쉽게 알아차릴 수 있다. 그리고 화장실을 왔다 갔다 하면서 자연스럽게 한두 마디씩 말을 걸게 된다. 아무것도 아닌 일 같지만, 이런 사소한 관심으로부터 사람과 사람 간에 마음이 오가는 법이다.

특히 앉아서 문서나 모니터를 집중적으로 봐야 하는 사무직 직원들은 파티션이 없으면 업무에 방해될까 봐 걱정할 테지만, 이 역시 '기우'다. 파티션이 없다고 해서 완전히 개방되는 것은 아니기 때문이다. 책상 사이에 작은 책장이나 개인 물건 등을 놓기 때문에 '약간의 벽'은 생기기 마련이다. 또, 요즘에는 다들 컴퓨터를 앞에 두고 일을 해 모니터가 얼굴을 가려주므로 크게 부담을 느낄 필요는 없다.

'배달의 민족'이라는 배달 음식 검색 및 주문 서비스 앱으로 유명세를 탄 벤처기업, '우아한형제들'의 김봉진 대표 역시 나와 같은 마인드를 갖고 있다. 우아한형제들 사무실에 들어서면 먼저 강력한 에너지에 놀라게 된다. 일하는 사람들의 표정도 하나같이 밝고 힘차며 생동감이 넘친다.

그곳 역시 파티션이 없다. 개인적으로 많은 회사를 가보았지만, 파티션이 없는 회사가 공간 활용 면에서도 좋고, 보는 사람으로 하여금 마음을 확 트이게 해주며, 조직 분위기 역시 화기애애하고 역동적이었다.

에브리온TV 사무실과 판도라TV 사무실. 우리 사이엔 아무런 벽이 없다. 소통이 잘 이루어지는 회사를 만들고 싶다면 파티션부터 없애라.

많은 회사들이 '소통'과 '커뮤니케이션'을 강조한다. 소통의 중요성에 대해 여기서 새삼 설명할 필요는 없을 것이다. 구성원들이 늘 자유롭게 이야기하는 회사, 사무실 전체에 역동적인 기운이 흘러넘치는 회사를 만들고 싶은가? 그렇다면 먼저 파티션부터 없애라. 물론 파티션을 없애자고 제안하면 벽이 있는 공간에 익숙한 직원들이 강력히 반대할지도 모른다. 하지만 설득을 해서라도 우리의 소통을 가로막는 장벽을 꼭 없앴으면 한다.

실제로 없애보면 안다. 서로 간에 벽이 사라지고 나면 결국 직원들도 만족해한다. 에브리온TV의 혁신이 파티션을 없애는 데에서부터 시작했다고 해도 과언이 아닐 만큼 그 효과는 탁월했다. 그래서 나는 '파티션 없는 회사'만큼은 강력하게 권하고 싶다.

04
카페 같은 사무실은
여유를 준다

요즘엔 어떤 곳을 가도 몇 걸음 못 가 카페가 나타날 정도로 대한민국은 '카페 천국'이 되었다. 카페 안을 들여다보면 노트북을 펼치고 작업에 몰두해 있거나, 귀에는 이어폰을 꽂고 테이블에는 문제집을 펼쳐놓은 채 공부하는 젊은이들을 쉽게 접하게 된다.

나와 같은 세대들은 카페에서 공부하는 젊은이들을 잘 이해하지 못한다. 조용한 도서관을 두고 굳이 소음도 들리고 돈도 드는 카페까지 와서 공부를 한다는 게 이상하게 느껴지는 것이리라. 하지만 그들이 굳이 카페를 찾는 데에도 분명 여러 가지 이유가 있을 것이다.

카페는 삶에 있어 참 좋은 '쉼표'이다. 나 역시 예쁘고 아기자기

한 소품이 여기저기 놓여 있고, 은은한 조명이 날 비추고, 천장이 높아 확 트인 카페에 앉아 있으면 마음이 편안해지면서 좋은 아이디어가 샘솟기도 한다. 독서실은 너무 경직되어 있어 오히려 숨이 막혀 공부하기 힘들다고 호소하는 젊은 친구들도 꽤 많다.

창의적 발상은 책상에서 머리를 쥐어박는다고, 인터넷으로 죽어라 검색한다고 해서 나오는 것이 아니다. 생각이 확장되려면 그에 합당한 시간과 공간이 반드시 필요하다.

그럼에도 아직도 많은 기업이 창의성을 끌어낸다는 명목으로 억지로 티타임, 호프데이 등을 갖는다. 그러나 그건 또 하나의 강요에 지나지 않는다. 중요한 건 직원들이 사무실에서 보내는 일상 그 자체가 '여유'와 연결이 되어야 한다는 것이다.

나는 직원들에게 바로 이 일상의 여유를 선물하기 위해 '카페 같은 사무실'과 함께 '진짜 카페'를 만들기로 했다.

에브리온TV는 원래 판도라TV의 신규비지니스사업팀이었다. 다양한 케이블 콘텐츠를 무료로 제공한다는 점 때문에 이용자들에게 큰 호응을 얻으면서 사업 규모가 커지고 팀원이 많아지자, 나는 에브리온TV를 별도의 사업체로 독립시키기로 결심했다. 그리고 우리는 서초동의 한 주택가에 보금자리를 얻었다.

현재 우리가 자리하고 있는 서초동 사무실은 원래 여느 사무실과 다름없는 평범한 곳이었다. 게다가 이전 세입자가 나간 후 오랜

아기자기하고 예쁜 공간, 먹을거리가 넘치는 사무실은 직원들의 표정도 밝게 만든다.

시간 방치되어 매우 황량했다.

그때부터 나는 '어떻게 하면 이곳을 행복한 공간으로 변화시킬 수 있을까?'를 고민했다. 회사가 집이나 카페만큼 좋으면 주말에도 아이들과 함께 즐거운 마음으로 회사에 놀러올 수 있지 않을까?

나는 해외 기업에 방문할 때마다 회사가 직원들의 공간에 꽤 많은 공을 들였다는 느낌을 받았다. 몇몇 기업만 그러는 게 아니라 보통의 실리콘밸리 기업들은 다 그렇게 한다.

그리고 무엇보다 사무실이 매우 깔끔하다. 단지 정리가 잘되어 있다는 뜻이 아니라 실내 디자인이 심플해 군더더기가 없는 세련된 느낌을 받았다는 의미이다. 그런 사무실을 볼 때마다 이런 곳이라면 일할 맛이 나겠다 싶었다. 확 트인 공간과 넓은 유리로 만든 화이트보드, 눕거나 앉아서 이런저런 생각에 잠길 수 있는 소파, 어느 벽이든 자유롭게 낙서가 가능한 사무실……. 나는 그것들을 보면서 세상에 단 하나밖에 없는 특별한 제품을 만드는 힘은 바로 자유롭고 편안하면서 세련된 '공간'에서 나온다고 믿게 되었다.

그런데 우리나라의 회사 내부 인테리어는 대체로 이와는 정반대이다. 특히 카페와는 완전히 반대라고 해도 무방하다. 대부분의 카페가 천장이 높고 공간이 하나로 연결된 반면, 기업의 사무실들은 천장이 낮고 칙칙한 파티션으로 촘촘히 나뉘져 있다. 사람을 긴장하고 경직되게 만드는 분위기가 사내 인테리어 곳곳에도 스며들어 있는 것이다.

공간이 가진 힘은 생각보다 강력하다. 편안하고 쾌적한 환경에 가면 우리는 누구나 기분이 좋아진다. 자유로운 환경 속에 있는 어린아이는 누가 시키지 않아도 알아서 그림을 그리고 재미있는 놀이를 생각해내는 것과 같은 이치다.

에브리온TV가 특별한 사무실을 만들 수 있었던 것은 결코 자금이 풍부해서가 아니었다. 이것은 회사의 가장 큰 자산, 즉 직원들의 마음을 얻기 위한 조치였다. 앞으로 회사를 또 새로 만들거나 새로운 사무실을 세팅해야 하는 일이 있다면, 나는 그때도 카페 같은 사무실뿐 아니라 사내 카페도 꼭 만들 생각이다.

05 빛이 잘 들어야 활력이 생긴다

　생명에게 가장 중요한 것 중 하나는 '빛'이다. 빛은 불면증과 우울증 해소 등 신체적·정신적 건강뿐 아니라 살균과 소독, 통증완화 등에도 도움을 준다. 실제로 어두침침하고 흐린 날은 괜스레 마음도 울적해진다. 하물며 자신이 일하는 공간이 늘 그렇다면 어떻겠는가.

　내가 판도라TV에서 가장 공을 들인 것 중 하나도 '채광'이었다. 인간을 행복하게 만드는 6S(Sleeping, Stretching, Sunshine, Smile, Sports, Stress management: 잠, 스트레칭, 햇빛, 미소, 운동, 스트레스 관리) 중에서도 나는 햇빛(Sunshine)이 으뜸이라고 생각한다. 그 하나가 나머지 5S를 포용할 수 있기 때문이다.

서울 한복판에 있는 거대한 빌딩 중에는 외관은 멋지지만 빛을 잘 활용하지 못한 것이 꽤 있다. 여름에는 덥다는 이유로 무작정 햇빛을 차단하기도 하는데, 책상을 창문으로부터 1m 정도 떨어뜨리면 이 역시 간단히 해결된다.

판도라TV 사무실도 모든 책상을 창가로부터 1m 이상 떨어지게 배치해놓았다. 그래서 창가 쪽에는 일종의 긴 '실내 복도'가 나 있다. 10층 높이의 실내 복도에서 커피 한잔을 음미하며 창밖 경관을 바라보고 있노라면 마음이 절로 평온해진다.

또한 그 복도는 사무실을 둘러싸고 있는 '하나의 트랙'이기도 하다(한 변의 길이가 100m 달리기를 할 수 있는 정도는 된다). 그래서 나는 사무실을 둘러볼 때마다 판도라TV 식구들이 '한 트랙 안에서 함께 달리고 있다'는 느낌을 받곤 한다.

우리는 할리우드 영화에서 뉴욕의 한 고층 빌딩 창가에 기대어 한 손을 바지 주머니에 넣은 채 여유롭게 통화하는 샐러리맨의 모습을 종종 보곤 한다. 나는 이것이 꼭 뉴욕의 잘나가는 고층 빌딩 증권사 직원들만이 누릴 수 있는 특권은 아니라고 생각한다. 사무실 내 창가 쪽에 공간을 만들면 작은 사무실에도 얼마든지 그런 장면을 연출할 수 있다. 난 작고 평범한 사무실에서 일하는 우리 직원들도 그런 소소한 기쁨을 누렸으면 한다.

판도라TV에서 빛의 중요성을 누구보다 절감했기에 에브리온 TV에서도 채광에 크게 신경을 썼다. 그 결과, 사무실에는 늘 따스한

위 에브리온TV 사무실 **가운데** 판도라TV의 창가 쪽 실내 복도 **아래** 파티션 대신 놓인 화분. 햇빛(Sunshine)은 인간을 행복하게 만드는 6S 중 하나이다.

빛이 들어와 직원들을 환히 밝혀준다. 그리고 그 덕에 파티션 대신 놓아둔 화분들도 잘 자란다. 식물이 잘 자라는 곳은 풍수지리상으로도 명당자리라는데, 이곳이야말로 작은 명당이 아닐까.

나는 원래 식물을 키우는 데 재주가 없다. 하지만 에브리온TV 사무실에 있는 식물들은 모두 건강하다. 이유는 간단하다. 채광이 좋고, 우리 직원들이 지극정성으로 물을 주고 돌봐주기 때문이다. 회사에서 쑥쑥 자라고 있는 식물들은 그곳이 '건강한 공간'임을 즉각적으로 알려준다. 즉, 그들은 사무실 내에 생명력이 가득 차 있음을 증명하는 지표이기도 하다.

이미 여러 실험을 통해 밝혀졌듯이 식물 역시 감정을 느끼기에 그들 역시 '행복'을 느껴야만 잘 자랄 수 있다. 우리 직원들도 마찬가지이다. 회사에 있는 동안 행복을 느껴야만 그들 역시 성장할 수 있다. 따라서 사무실을 구할 때는 아무리 작더라도 '빛'이 잘 들어오는지 반드시 체크하길 바란다.

무엇이든 우리 손으로
직접 만든다

2012년 5월. 나는 앞서 말한 '우아한형제들'이라는 벤처기업을 방문한 후 에브리온TV 팀원들에게 그 회사를 벤치마킹해 우리도 사무실을 직접 꾸며보자고 제안했다.

이유는 간단했다. 에브리온TV의 인테리어가 오직 직원들을 위한 것이 되길 바랐기 때문이다. 그렇다면 직원들을 위한 인테리어란 무엇일까?

대기업 사무실을 방문하면 비싼 내장재를 활용한 인테리어를 흔히 볼 수 있다. 겉으로 보기엔 멋지고 화려해서 보는 사람으로 하여금 감탄을 자아내게 한다. 하지만 '그것이 과연 직원들을 위한 인테리어인가?'를 생각하면 고개를 갸우뚱하게 된다.

소위 잘나가는 기업의 사무실을 가보면 책상들은 각에 맞춰 일렬로 배치되어 있고, 회사 로고와 비슷한 톤을 주로 활용한 경우가 많다. 또, 안내 데스크는 매우 화려하게 장식되어 있고, 고가의 소파가 로비를 차지하고 있다. 얼핏 보아도 상당한 비용이 들어갔음을 예측할 수 있다.

하지만 안내 데스크와 로비는 손님들을 위한 공간이지, 직원들을 위한 공간이 아니다. 또한 직원들의 숨결과 땀이 스며들어 있지 않기에 정이 가지도 않는다.

'모방은 창조의 어머니'라는 말처럼, 나는 좋은 사무실의 디자인을 많이 보고 그것들을 조합해서 따라 하면 얼마든지 자사만이 가질 수 있는 특별하고 새로운 공간을 창조할 수 있다고 믿는다. 그래서 우리는 '에브리온TV만의 공간 만들기 프로젝트'를 본격적으로 시행했다.

먼저 우리는 우아한형제들 사무실을 방문했다. 그때 가장 인상 깊었던 것은 벽면 곳곳에 게시되어 있는 유머러스한 타이포그래피와 포스터였다(287쪽 참고). 그때 우리는 그것들이 비싼 예술작품보다 더 세련된 분위기를 연출할 수 있음을 알게 되었다.

그다음, 인터넷에서 전 세계 사무실 이미지를 검색해보았다. 우리는 구글이나 페이스북 등 해외 사무실을 촬영한 사진과 동영상을 보면서 새롭게 탄생할 우리만의 사무실을 상상하고 시뮬레이션해보는 시간을 가졌다. 또, 지인이 운영하는 회사에 방문해 직접 발품을 팔기도 했다.

사무실에서 가장 먼저 했던 일은 천정의 텍스를 걷어내는 것이었다. 그리고 우리는 일반 막대 형광등이 아닌 인테리어 조명을 설치했다. 이렇게만 했는데도 삭막했던 사무실의 모습은 완전히 사라지고, 카페 같은 분위기를 자아내는 공간으로 변모해 있었다.

우리는 인테리어와 관련해서 결정해야 하는 일이 있을 때마다 계속 논의했다. 사실 별도의 시간을 내기보다 점심을 먹으면서, 혹은 근처 카페에서 이야기를 나눴다. 우리의 콘셉트는 '카페 같은 사무실'이었으니, 근처 카페에 가면 소품이나 조명, 테이블 등에 눈이 갈 수밖에 없었다. 그리고 "이런 테이블을 놓는 게 어떨까?", "저 조명이 괜찮아 보이는데?" 하면서 계속해서 인테리어에 관한 대화를 이어갔다.

그러나 페인트칠이나 바닥재 설치 등 한 번 작업에 들어가면 돌이키기 어려운 영역에 관해서는 따로 시간을 내 회의를 하였다. 또, 전문가가 아니면 하기 어려운 일은 전문 업체에 도움을 요청했다. 예를 들어, 담당 직원이 어떤 조명을 달지 결정해서 인터넷으로 구매하고 바닥재와 벽면의 페인트 색을 직접 고르면, 업체가 와서 조명을 설치하고 패인트칠을 하는 식이었다.

그 외에 전자레인지, 토스터, 사무용 집기 등 굳이 전문가의 손길이 필요 없는 일은 각자 알아서 해결했다.

업체 선정 시 주의해야 할 점은 우리가 결정한 디자인을 '그대로' 작업해줄 수 있는 곳이어야 한다는 것이다. 간혹 업체 측에서 우리의 방식이 별로라며 다른 대안을 제시하기도 하는데, 이럴 때 흔들리면 안 된다. 그러다 보면 결국 우리가 흔히 보는 사무실이 만들어질 게 뻔하기 때문이다. 어설퍼도 우리만의 색이 묻어나는 공간을 창조하고 싶다면 그런 제안은 과감히 거절할 줄 알아야 한다.

우리도 베란다를 회의실로 개조할 때 이와 같은 문제에 부딪혔다. 베란다 벽면이 회색빛의 대리석 재질로 되어 있어 페인팅이 불가능했기에 우리는 그 위에 컬러 시트지를 붙이기로 하였다. 그러면 나중에 이사를 하게 되더라도 원상복구 비용도 적게 들기에 전 직원 모두 찬성하였다.

그런데 이 작업을 업체에 요청했더니 그런 건 불가능하다고 딱 잘라 말했다. 그러면서 업체에서는 석고보드 작업을 하는 게 어떻겠냐고 제안했다. 하지만 우리는 원래의 신념을 지키기 위해 이를 거절하고 시트지를 구해 직접 벽면에 붙였고, 그 결과 에브리온TV만의 개성 넘치는 회의실이 완성되었다.

이렇게 직접 인테리어를 하면서 우리는 여러 가지 노하우를 얻을 수 있었다. 예를 들어 카페 테이블은 원형보다는 정사각형 테이블의 활용도가 높다. 정사각형 테이블을 이어 붙이면 'ㄷ', 'ㅁ'과 같은 여러 형태의 구도를 쉽게 만들 수 있어 전사 회의나 행사 시 유용하게 쓰이기 때문이다.

또한 4인용보다는 2인용 테이블을 추천한다. 2인용 두 개를 붙

마트에 가고, 조명을 고르고, 색지를 바르는 건 분명 귀찮은 일이었을 것이다. 하지만 그런 노력이 모여서 세상에 단 하나뿐인 우리만의 공간이 탄생했다.

이면 4인용이 되지만 4인용은 2인용이 될 수 없기 때문이다. 작은 사무실은 미팅 테이블이나 자리가 모자랄 경우를 대비해 뭐든 '최소화'하는 방향으로 가는 게 좋다.

사실 처음에는 전 직원 모두 사무실을 꾸미는 일에 참여했다. 원래 하던 일을 병행해야 했기에 최대한 여러 명이 하는 게 가장 효율적이라 판단했기 때문이다.

모두 인테리어 초보였으므로 누가 어떤 업무를 담당할지 정하는 것 자체가 무의미했다. 그래서 초반에는 해야 할 일을 공평하게 나누어 직원들 모두 각자 1~2개씩 역할을 맡았다. 그런데 시간이 지날수록 능력 차가 발생하면서 자연스럽게 인테리어 감각이 있는 직원들이 중심이 되어 이끄는 구도가 되었다.

예를 들어 평소 조명에 전혀 관심도 없고 그에 대한 배경지식도 없는 직원이 조명을 담당하면 결국 인테리어의 큰 방향이나 콘셉트와 점점 멀어진다. 다른 분야 또한 마찬가지이다. 따라서 전 직원 모두가 참여하는 것이 오히려 더 비효율적이다.

결과적으로, 4~5명으로 꾸려진 태스크포스팀(TFT) 구성원들은 회사 인테리어에 관한 계획서도 만들고, 우리가 추구하는 분위기에 적합한 소품 및 가구, 예산, 실행 방안 등을 치열하게 고민했다. 물론 책상을 배치하거나 테이블을 옮기는 것같이 많은 사람들의 힘을 필요로 하는 일에는 전 직원이 참여했다.

인테리어를 지시하고 몇 주가 지난 후, 나는 두근거리는 가슴을 애써 누르며 우리만의 '러브 하우스'에 들어섰다.

'역시 이럴 줄 알았어!'

내 입가에는 미소가 맺혔다. 황량하던 사무실은 전문가가 꾸민 것처럼 화려하지는 않지만 동고동락하기에 딱 적합한, 친근하고 아늑한 공간으로 재탄생하였다! 이렇게 사무실을 꾸미면서 괴팍한 사장 뒷담화도 많이 했으리라. 그런 건 전혀 상관없었다. 직원들끼리 똘똘 뭉치면서 서로 간에 믿음이 더 커졌을 테니까.

다른 사람이 보기에는 평범한 물건도 자기가 직접 고르고 만들면 더더욱 특별하게 느껴진다. 나는 직원들이 그러한 기쁨을 꼭 누리길 바랐다. 평소의 나와는 다르게 직원들의 불만에도 인테리어 업무를 강력히 관철시킨 이유가 바로 거기에 있었다.

심술궂고 고집스러운 사장 때문에 직원들은 태어나서 처음으로 페인트 가게에도 가보고 조명 가게에도 방문해야 했다. 또 IT 벤처기업 직원들이 모여서 한다는 대화가 "페인트 색이 더 밝아야 하지 않을까?", "조명은 주황색이 좀 더 있어 보일걸?"과 같은 것이었으니, '도대체 왜 내가 여기서 이러고 있나' 싶었을 것이다.

총 직원 수가 5~10명 정도 되는 작은 회사를 운영할 때는 그 '작음'이라는 것을 최대한 활용할 줄 알아야 한다. 사실 규모가 큰 회사에서는 직원들이 직접 인테리어를 한다는 것 자체가 매우 비현실적인 일이다. 하지만 규모가 작으면 말이 달라진다. 작다는 점을 잘 활용해 팀워크도 다지고 직원들 간에 신뢰까지 만들어낼 수 있

테이블 하나를 구매할 때도 사각 테이블로 할지 원형 테이블로 할지를 결정해야 한다. 신뢰를 만든다는 것은 이런 사소한 부분까지 함께 결정하는 것을 의미한다.

다면, 이보다 더 큰 수확이 어디 있을까?

회사를 내 집처럼 생각하고 비품을 아껴 사용하라고 말하는 사장은 많다. 하지만 회사를 진정 내 집만큼 소중하게 생각하려면, 사무실 곳곳에 자신의 손때가 묻어 있어야 하지 않을까? 그래서 우리 회사의 모든 변화는 직원들 손에 의해 이루어진다.

나는 에브리온TV의 기업문화를 판도라TV에도 그대로 옮겨왔다. 약 20명이 근무하는 사무실을 120여 명이 일하는 큰 사무실이 벤치마킹한 것이다.

한번은 판도라TV 사무실에 테이블을 세팅하는데 기성제품의 크기가 맞지 않는 일이 발생했다. 다른 때 같았으면 그냥 다른 걸 주문하자고 했겠지만, 놀랍게도 "그냥 우리가 테이블을 직접 만들자"는 의견이 나왔다. 그리고 직원들은 자발적으로 목재를 구입하고 철재 프레임 제작 업체를 수소문했다.

그런데 막상 목재를 주문하고 보니 가공이 덜 되어 직원들이 직접 사포질을 해야만 하는 사태가 일어났다. 그런데 이때도 직원들은 알아서 사포를 구해왔다. 결코 쉬운 작업이 아니었을 텐데, 직원들의 표정에는 활기가 넘쳤다.

그 결과, 생각한 것 이상으로 멋진 테이블이 완성되었다. 게다가 비용 역시 그냥 구입했을 때의 10분의 1에도 미치지 않았다.

그로부터 몇 달 후, 판도라TV에 방문한 나는 깜짝 놀라고 말았다. 사무실 구석구석에서 그와 같은 '판도라TV 자체 제작 테이블'을 발견하게 된 것이다.

판도라TV와 에브리온TV 직원들은 인테리어가 뭔지도 모르는 평범한 직장인들이다. 하지만 우리는 이런 경험을 통해 도전정신으로 똘똘 뭉친 조직은 어떤 미션도 수행해낼 수 있다는 자신감을 얻게 되었다. 누군가에게는 작고 보잘것없는 사무실이겠지만 세상에서 단 하나뿐인, 직원들의 땀과 정성이 배어 있는 이곳이 난 진심으로 자랑스럽다.

리더의 행간을 읽고
부하직원을 다독여라

●● 리더의 이야기는 곧이곧대로 듣기보다 그 안에 숨은 행간을 읽는 것이 중요하다.

에브리온TV 식구들은 김경익 의장님이 인테리어를 직접 하자고 했을 때, 이를 곧 '비용을 아껴 사무실을 직접 세팅해보자'는 말로 이해했다.

사실 우리의 최우선 업무는 인테리어가 아니라 서비스이다. 때문에 인테리어 업무에 모든 에너지를 쏟을 수는 없었다. 그래서 우리는 '저비용 고효율 원칙'을 적용해 결정을 신속히 하기로 했고, 결정이 어려울 땐 '최저가 원칙'을 고수했다.

전자레인지 하나를 고르는 일이 아무것도 아니라 생각할 수도 있지만, 내 집에서 쓸 것을 사는 게 아니므로 여기에도 기준이 필요하다. 예를 들어 빨간색, 파란색 둘 중 하나를 골라야 하는 상황에서 이를 컨펌받으려면 여기서도 시간은 소요된다.

하지만 최저가 원칙을 적용하면 컨펌이 보다 쉬워진다. "왜 이 전자레인지를 구입했지?"라는 상사의 질문에 "디자인이 멋진 30만 원짜리 전자레인지가 있었지만 비용을 줄이기 위해 5만 원짜리를 구입했습니다."라고 대답함으로써 비용에 예민한 상사를 금방 만족시킬 수 있기 때문이다.

실제로 의장님이 "왜 저 제품을 골랐지?"라고 할 때마다 우리는 항상 "저게 제일 싸더라고요."라고 했다. 그리고 "전자레인지가 정말 5만 원 밖에 안 해? 잘 샀네."와 같은 칭찬까지 들을 수 있었다.

그다음으로 내가 한 일은 인테리어 업무가 집중된 직원들의 불만과 피로를 충분히 이해하고 그들에게 힘을 북돋아주는 것이었다.

나는 부하직원이 인테리어 일로 힘들어할 때마다 "○○씨, 당신이 오늘 해야 할 가장 중요한 업무는 마케팅 기획서를 작성하는 것이 아니라 세면대를 설치하는 것입니다."라고 말해주었다.

즉, 그가 하고 있는 일이 절대 잡무나 부차적인 게 아니라 '핵심 업무'이자 '회사에서 가장 중요한 일'임을 명시해준 것이다. 이로써 직원들은 자질구레한 일을 하고 있다는 불만이나 본래 업무를 하지 못해서 느끼는 심리적 부담감에서 해방될 수 있었다.

우리가 일할 공간을 우리가 직접 꾸민다는 것은 얼핏 듣기엔 매우 신 나는 일일 수도 있지만, 실제로 하다 보면 원래 해야 하는 일이 아닌 다른 일을 하고 있다는 생각에 불만이 쌓일 수밖에 없다. 그러나 회사의 모든 일은 결국 아랫사람들의 팔로워십이 전적으로 서포트 되어야만 착착 진행될 수 있기 때문에 이런 경우 특히 중간 관리자의 역할이 중요하다.

이렇게 인테리어를 직접 하면서 우리가 얻게 된 성과는 확실했다. 이 과정을 겪으면서 자연스럽게 탄탄한 '팀워크'가 만들어진 것이다. 그리고 사무실을 함께 만들면서 서로를 다독이며 주도적으로 일했던 태도가 아직까지 계속 이어져오고 있다. 자신의 원래 업무가 아니라고 생각했던 일도 잘 믿고 따랐던 사람들이 진짜 내 일이라 생각하는 일을 소홀히 하지 않는 건 당연하다.

사실 우리가 만든 공간은 전문가가 디자인한 사무실과 비교하면 보잘것없다. 하지만 오랜 시간 정성을 들여 직접 뜨개질해 만든 옷과 백화점에서 산 옷이 주는 의미와 가치가 다르듯, 에브리온TV 사무실은 우리 모두에게 자부심을 가져다주는, 세상에 단 하나뿐인 소중한 공간이다.

07 벽면에 우리만의 메시지를 새긴다

우리는 영화 「메멘토」(2000)의 주인공이 중요한 사실을 기억하기 위해 온몸에 문신을 새겨나간 것처럼 우리의 철학과 생각이 추가될 때마다 이를 벽면에 기록했다.

먼저 한쪽 벽면에 크게 차지하고 있는 'Never Say Never(안 된다는 말 금지)'. 이는 '즐겁고 행복한 회사'의 기본 조건이라는 생각으로 새겨 넣었다. 긍정적인 생각은 긍정적인 분위기를 만들어내고 직원들에게 자신감을 불어넣기 때문이다.

그리고 나의 경영 철학이자 에브리온TV 구성원 모두가 지향하는 회사의 모습은 바로 'Work for Play(일을 놀이처럼)'라는 문구가 대변하고 있다.

그 외에도 ‘Nothing without People(사람이 전부다)’, ‘Nothing without Mobile(모바일이 전부다)’ 등 회사의 철학과 서비스의 철학이 사무실 벽을 장식하고 있다.

에브리온TV가 벌이는 일 중에는 즉흥적인 것들이 많다. 딱딱하고 경직된 분위기의 회의 자리에서는 기발하고 재미있는 아이디어가 나오기 쉽지 않다. 그래서 우리는 굳이 따로 그런 것들을 함께 고민하는 회의 자리를 갖지는 않는다. 대신 누구든지 언제나 아이디어를 개진할 수 있으며, 모두가 그것이 좋다고 동의하면 바로 실행하는 데 익숙하다.

내가 ‘사람이 중요하다’는 메시지를 벽에 새기자고 의견을 냈을 때에도 마찬가지였다. 내 제안에 박성현 본부장이 영문으로 좀 더 임펙트 있게 표현하는 게 어떻겠냐는 의견을 제시했고, 곧바로 ‘Nothing without People’와 같이 멋진 문구가 탄생했다. 그리고 우리는 이를 바로 벽에 새겨 넣었다.

그렇다면 타이포그래피는 누가 만들었을까? 다행히도 에브리온TV에는 디자이너가 있다. 원래는 온라인 서비스상에 웹디자인이나 UI(User Interface: 컴퓨터나 모바일 기계 등을 사용자가 좀 더 편리하게 사용할 수 있는 환경을 제공하는 설계 또는 결과물)를 디자인하는 일을 맡고 있지만, 타이포그래피를 만드는 것 역시 그가 하는 일과 전혀 다른 맥락의 일은 아니다.

따라서 사내 디자이너가 타이포그래피를 완성한 후, 우리는 간

에브리온TV와 판도라TV 사무실 모두 우리만의 글귀가 새겨져 있다. 벽면에 새겨진 문구는 우리가 나아가야 하는 방향을 알려주는 나침반과 같은 역할을 한다.

판이나 선팅을 만드는 업체에 이를 의뢰했고, 며칠 후 스티커 형태의 종이들이 사무실에 도착했다.

벽에 스티커를 붙이는 건 처음 해보는 일이라 실수가 있을 수도 있어 처음에는 두 배 물량으로 주문했다. 하지만 직접 해보니 생각보다 어렵지 않았고, 직원들 모두 즐겁고 유쾌하게 작업을 마칠 수 있었다.

우리는 학창 시절 늘 칠판 위에 붙어 있는 교훈을 보며 자란다. 어떤 집은 그 가족이 추구하는 가장 중요한 가치와 철학을 가훈으로 만들어 거실에 걸어놓기도 한다. 사실 일상에서 교훈이나 가훈을 의식하고 사는 사람은 거의 없다. 하지만 그것은 그 안에 속한 구성원이 어떤 것을 가장 우선시해야 하며, 어떤 풍토를 만들어야 하는지 알려주는 나침반과 같은 역할을 한다.

'Never Say Never'라고 새겨 놓은 벽을 앞에 두고 'No'라는 말을 쉽게 할 수는 없을 것이며, 'Nothing without People'이라는 문구가 적힌 사무실에서 다른 사람을 배려하지 않고, 자기만 챙기기도 어려울 것이다. 벽면에 새긴 문구는 계속해서 우리가 추구해야 하는 가치를 무의식에 심어주므로 기업문화를 만들어가는 데 있어 중요한 지침이 된다.

08 직원들의 불편을 먼저 알아채고 해결한다

직원들은 잘 모르겠지만 사장 역시 항상 아랫사람을 신경 쓰고 눈치를 본다. 그리고 '왜 직원들은 내 마음을 잘 모를까?', '충분히 표현했다고 생각했는데 왜 내 뜻을 헤아려주지 못할까?' 늘 고민한다. 물론 직원들 역시 '나는 이렇게 열심히 하는데 왜 위에서는 알아주지 않을까?' 하면서 답답해하는 일이 많을 것이다.

그런데 이는 너무나 당연한 현상이다. 서로 다른 위치에 있을뿐더러 완전히 다른 환경에서 자라온 사람들끼리 상대를 완벽히 이해하는 건 사실상 거의 불가능하다.

그래도 회사가 굴러가려면 서로를 최대한 이해하기 위해 노력해야 한다. 그리고 리더는 말로만이 아니라 평소에 아랫사람들에게 관심을 갖는 것이 중요하다. 단순히 월급을 많이 주거나 복지제도를 늘린다고 해서 직원들의 마음을 살 수 있는 것은 아니다. 물론 약속을 형식적으로 제도화하는 것도 중요하지만, 진심을 다해 그들 안에 숨어 있는 심리까지 캐치할 때만이 직원들은 비로소 마음을 열기 시작한다.

내가 에브리온TV에서 직원들의 불편한 부분까지 특별히 신경 쓴 사례가 있다면 바로 사무실에 세면대를 설치한 일이다. 후에 말하겠지만 우리 회사는 매주 금요일마다 파티를 하는데 이때 음식을 직접 만들기도 한다. 문제는 회사에서 요리를 하면 손도 씻고 식재료도 씻어야 하는데 세면대는 사무실 밖 화장실에만 있어 매번 왔다 갔다 해야 하는 불편함을 감수해야 했던 것이다.

나는 음료수와 과자뿐 아니라 가끔은 과일과 야채도 준비하라는 지시와 함께, 이를 씻기 위한 실내 세면대도 설치하라고 했다. 이를 지시받은 본부장과 직원들은 참말로 난감했을 것이다. 과일과 야채를 마련하는 건 그렇다 쳐도, 사무실에 세면대를 설치하는 건 아무나 쉽게 할 수 있는 일이 아니기 때문이다.

내가 이렇게 귀찮은 일을 하라고 했던 이유는 매우 단순하다. 과일을 씻으러 매번 사무실 밖으로 나가는 직원의 불편함을 덜게 해주고 싶었고, 사무실 안에 수도가 따로 없어 가능한지 알 수는 없지만 그래도 찾아보면 방법이 있을 거라 믿었기 때문이다.

그 결과, 어떻게 되었을까? 결국 에브리온TV 사무실 내에는 세면대가 설치되었다. 이를 위해 많은 직원들이 고생을 했지만 직원들의 불편함을 안타깝게 생각한 내 진심이 통했기에 가능했다고 생각한다.

나중에 본부장을 통해 들어보니, 그도 속으로는 화장실에 가서 씻어도 아무 문제가 없다고 생각했으나 철저한 팔로워십에 따라 실내 세면대를 설치하자고 담당 직원을 설득했다고 한다.

사실 세면대 설치를 지시했던 때는 인테리어 업무들이 거의 마무리되고 있던 시점이었다. 따라서 담당 직원 역시 매우 지쳐 있었다. 본래 하던 일이 아닌 업무 때문에 언제까지 시달려야 할지 알 수 없어 망연자실해 있었으리라.

후에 박성현 본부장이 말하길, 그전까지 '무한 신뢰'로 본부장을 잘 따르던 그 직원은 급기야 "다른 것은 모두 열심히 따랐으나 세면대 설치는 정말 불필요한 업무라고 생각합니다."라고 강력히 주장했다고 한다. 상사는 원하는데 부하직원은 따르지 않는 상황이니, 중간 관리자로서 매우 난처했을 것이다.

하지만 본부장은 이 문제 또한 우리 기업문화에 뿌리 박힌 정신을 발휘해 잘 해결했다. 바로 '해당 업무에 불만을 가진 직원을 설득할 수 없을 때는 내가 직접 해야 한다'는 원칙이다.

본부장은 곧 인터넷으로 검색한 후 담당 직원에게 "내가 이러이러한 세면대를 찾았으니 이것을 주문해주세요."라고 했다고 한다. 직원의 일을 조금이라도 덜어주기 위해 상사가 직접 나서자, 어찌해야 할지 몰라 허둥대며 포기하려 했던 그 직원도 결국엔 따르게 되었다고 한다.

이러한 우여곡절 끝에 우리 사무실 안에는 멋진 세면대가 설치되었다. 그 이후로 직원들은 손을 씻을 때 번거롭게 사무실 밖으로 나가지 않아도 되었다. 세면대는 직원들 만족도가 가장 높은 부대시설 중 하나이다.

나는 지금 사무실 안에 꼭 세면대를 설치하라는 주장을 하고 싶은 게 아니다. 나의 편의나 사무실을 보기 좋게 만들기 위해서가 아니라 직원들의 불편을 덜어주기 위해 세면대가 필요하다고 생각했고, 그런 진심을 바탕으로 이를 지시했다는 점을 말하고 싶은 것이다.

직원들에게 정말 필요하지만 아무도 섣불리 말을 꺼내지 못하고 있거나 생각조차 하지 못하는 부분이 있지는 않은가? 혹은 불편한 점을 알고 있음에도 돈이 너무 많이 들고 귀찮아서 방치하고 있지는 않은가? 혹시 직접 만드는 건 절대 할 수 없을 거라고 지레 판단하고 있지는 않은가?

우리는 세면대가 필요하면 세면대도 만들어내는 회사이다. 자

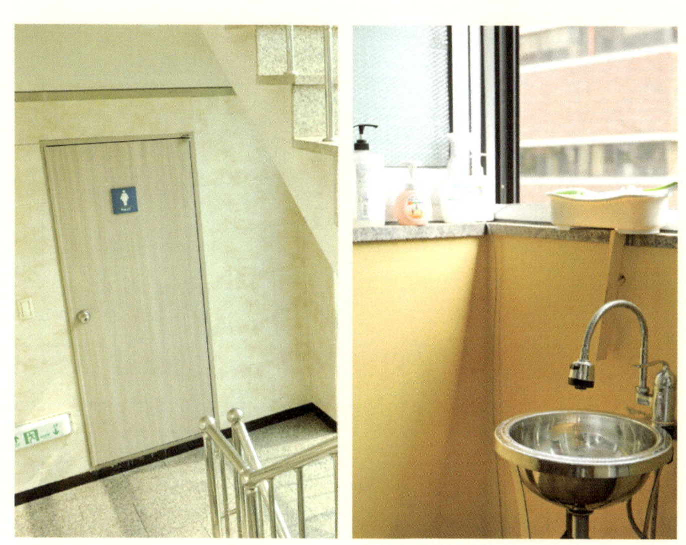

화장실은 사무실 밖에 있어 손을 씻거나 식재료를 씻으려면 무조건 밖으로 나가야 했다. 직원들의 불편을 덜어주기 위해 세면대 설치를 지시하는 것과 무작정 일을 시키는 것은 다른 결과를 만들어낸다.

금이 충분한 회사가 아닌 이상, 작은 회사 사장에게는 비품 하나를 구입하고 시설 하나를 설치하는 것도 큰 부담으로 느껴질 수밖에 없다.

그렇다면 이를 직접 만드는 것은 어떨까? 직원들이 지금 자기 일을 하기도 바빠 죽겠는데 그런 걸 할 리가 없다고? 물론 직원들에게 당장 그것을 만들어내라고 강요하는 것으로는 절대 좋은 결과를 이끌어낼 수 없다.

그보다, 필요한 게 있으면 서로 이야기해서 같이 만들어나가는 '풍토'부터 마련하는 게 먼저다. 그리고 다른 업무가 밀리는 것에 대해서도 확실한 해결책을 마련해야 한다(159~163쪽 참고). 우리 회사에는 이를 해결하기 위한 우리만의 시스템이 잘 갖춰져 있어 중간에 치고 들어오는 일 때문에 직원들이 끝없이 야근하는 일은 절대로 발생하지 않는다.

양질의 기업문화를 만들기 위해서는 공간뿐 아니라 경영자가 직원들을 대하는 태도, 시스템, 이 모든 것들이 다 변해야 한다. 그리고 이를 위해서는 먼저 리더가 자신을 낮추고, 최대한 직원들 눈높이에 맞춰서 말할 수 있어야 한다. 그러면 리더의 진심을 읽은 직원들이 하나둘씩 따라오기 시작한다. 모든 것의 중심에는 '사람의 마음'이 있음을 결코 잊지 말자.

09

먹거리가 풍부해야
성과로 이어진다

에브리온TV를 설립하고 얼마 지나지 않아 나는 박성현 본부장에게 쪽지 하나를 건넸다. 거기에는 이런 내용이 쓰여 있었다.

하나, 냉장고에 각종 음료수를 가득 채워주세요.
둘, 바구니를 준비하고 초콜릿과 과자, 빵 등 간식을 가득 담아주세요.
셋, 아침에는 신선한 우유와 토스트, 그리고 시리얼을 준비해주세요.

예상치 못한 지시에 본부장은 무척 놀라는 눈치였다. 회사가 처음 설립되고 한창 정신없이 바쁜 시기에 사무실에 간식을 준비해야 한다니, 황당하면서도 귀찮았을 것이다. 그러나 쪽지가 전달된 바로 다음 날부터 우리 회사 사무실 풍경이 조금씩 바뀌기 시작했다.

우선 사무실에 커다란 음료수용 냉장고가 생겼다. 편의점이나 마트에서나 볼 법한, 유리문으로 되어 있는 소형 냉장쇼케이스가 들어온 것이다. 그리고 그 안에는 다양한 종류의 음료수가 줄을 맞춰 가득 들어섰다.

그리고 냉장고 앞쪽에도 각종 먹거리를 정리할 수 있는 긴 수납장이 생겼다. 수납장 위에는 시리얼과 견과류가 담겨 있는 플라스틱 통이 놓여 있어 출출한 직원들은 언제든 냉장고에서 우유를 꺼내 시리얼을 타 먹거나 호두나 땅콩으로 심심한 입을 달랠 수 있다. 그리고 그 아래에는 커다란 간식 바구니 2개가 놓여 있는데, 그 안에는 각종 초콜릿과 과자 등이 가득 담겨 있다.

또, 맛있는 커피를 뽑아 마실 수 있는 커피 머신도 있다. 처음에는 커피원두를 갈아 넣어 사용하는 기계를 살까 했지만, 그것을 청소하고 관리하려면 직원들의 손이 많이 갈 것 같아 캡슐을 이용해서 커피를 뽑는 캡슐커피머신을 선택했다. 우리 회사는 '일리(illy) 커피 캡슐'을 이용하고 있는데 밖에서 사 먹는 커피와 품질이 거의 같아 직원들의 만족도가 매우 높다.

사내 카페를 지켜보고 있으면 우리 직원들이 언제 힘든지, 언제 즐거운지를 금방 알 수 있다. 점심식사 후 소화가 다 되고 계속되는 업무 때문에 슬슬 기운이 떨어져갈 즈음, 즉 오후 4~5시가 되면 허기진 직원들이 간식 테이블 쪽으로 몰려든다. 그리고 테이블에 둘러앉아 요기를 하면서 10~15분 정도 쉬고 나면 언제 그랬냐는 듯 얼굴에 생기가 돈다.

동료에게 좋은 일이 생겼거나 오래 공들이던 업무가 끝났을 때도 우리 직원들은 이 간식 테이블을 이용한다. 달콤한 과자와 맛있는 커피를 앞에 두고 소소한 자축 파티를 하는 것이다.

내가 회사에 먹을거리를 충분히 놓아야겠다고 생각하게 된 계기는 외국 회사를 방문했을 때였다. 실리콘밸리나 캐나다 기업을 방문했을 때, 점심을 간단히 할 수 있는 빵과 야채, 음료가 무료로 제공된다는 사실에 나름 충격을 받았던 것이다.

해외 기업의 카페는 대부분 '스탠딩 카페'로, 직원들은 각자 커피나 스낵, 과일을 챙겨 자기 자리로 돌아가서 먹었다. 그 장면은 당시 나에겐 꽤 큰 문화적 충격을 가져다주었다. 그리고 그들이 왜 그렇게 커피를 많이 마시는지도 이해가 가지 않았다. 그런데 요즘엔 우리나라에도 커피 열풍이 불어, 이제 커피 없이는 일상이 영위되지 않을 만큼 모두가 커피 문화에 친숙해졌다.

회사에 좋은 브랜드의 커피 향이 퍼진다면 그 사무실은 삭막한 사무실이 아닌 '카페'가 된다. 매일 무료 카페에서 일을 한다고 생각하면 얼마나 기분이 좋은가? 나는 카페 같은 사무실에서 일하는 직원들의 성과는 점점 좋아질 수밖에 없다고 생각한다.

그런데 여전히 많은 기업에서는 점심시간만 되면 사무실이 텅텅 비고 불이 꺼지며, 심지어 점심시간이 끝날 때는 일의 시작을 알리는 벨소리가 흘러나오기도 한다. 이런 시스템은 사람을 경직되게 만든다. 그러나 안타깝게도 우리나라에는 70~80년대 기업문화가 여전히 살아서 숨 쉬고 있는 게 현실이다.

나는 해외기업의 사내 카페가 단지 특별한 어느 한 기업의 제도가 아니라 성숙된 기업이라면 당연히 갖춰야 할 문화라고 생각한다. 또, 좋은 문화는 확산성이 있어 대부분의 기업에서 그렇게 하면 다른 기업들도 자연스럽게 따라 하게 된다. 그래서 나부터 이를 실천하면 결국 언젠가는 우리나라에도 좋은 기업 풍토가 생길 거라는 믿음으로 이를 실행해왔다.

늘 먹거리가 충분히 비치된 사무실은 배고픔을 달래고 정신적으로도 충만한 느낌을 준다. 그리고 기분이 좋으면 일도 잘 풀리고, 회사에 대한 충성심도 자연스레 높아질 수밖에 없다.

직원들의 불만은 매우 사소한 것으로부터 쌓인다. 물론 먹을거리가 많다고 해서 이직률이 낮아지고 직원들의 실적이 단번에 올라가는 것은 아니다. 하지만 그것이 단발성 이벤트에 그치지 않고 경영자가 진심을 다해 직원들이 배고프지 않도록 신경 쓴다면, 직원들도 그것을 형식화된 제도가 아닌 배려로 느끼게 되며, 이로써 조직 역시 점차 좋은 풍토를 갖추게 된다.

먹거리가 풍부한 회사가 곧 행복한 회사다.
직원들 입에서 배고파서 일을 못 하겠다는
말이 안 나오게 하는 것도 리더의 몫이다.

2005년에 개봉해서 큰 인기를 끈 영화, 「웰컴 투 동막골」을 보면 평화로운 동막골에 흘러든 인민군이 특별한 비법 없이도 마을 사람들을 잘 지휘하는 동막골의 촌장에게 이런 질문을 한다.

"거, 고함 한번 지르지 않고 부락민들을 휘어잡을 수 있는 그 위대한 영도력의 비결이 뭐요?"

그러자 촌장은 뭐 그런 걸 묻느냐는 표정으로 이렇게 답한다.

"뭘 마이(많이) 맥여야지(먹여야지), 뭐……."

이는 사람의 정서에 먹을거리가 얼마나 큰 영향을 끼치는지를 단번에 알 수 있는 장면이다.

회사 직원들이 다 같이 모여 첫 토스트로 아침 식사를 하기로 한 날, 나는 무척이나 설레었다. 직원들이 좋아할지 걱정되면서도 한편으로는 전 직원과 저녁 회식도 아니고 아침 식사라니, 왠지 모를 긴장감까지 느껴졌다.

하지만 그런 내 걱정은 기우에 불구했다. 신선한 빵에 치즈, 잼을 듬뿍 바른 토스트는 정말 너무너무 맛있었고, 당연히 직원들의 표정 또한 하나같이 행복했다.

그날부터 우리는 아침마다 동그랗게 둘러서서 빵을 먹는다. 아침에 우리가 모여서 빵을 먹는 그 순간 들었던 비용은 약 3만 5천 원에 불과했으며, 먹는 시간도 길지 않았다. 그렇게 한순간이지만 우리는 그때마다 행복을 느낀다. 그 이후로 매일 빵만 먹는 것이 좀 질린다 싶을 때는 야채를 곁들여 먹기도 하고, 토스트가 지겨울 때는 근처 빵집에서 색다른 빵을 사 먹기도 한다. '한솥밥 먹는 정'이라는 말처럼 에브리온TV 식구들은 다 같이 한 봉지에서 꺼낸 빵을 먹으면서 돈독한 정을 나누고 있는 것이다. 아침 준비를 하면서 귀찮을 법도 한데 지금까지 나를 믿고 따라준 직원들에게 참 고맙다.

배고픈 회사에서는 좋은 성과가 나오기 힘들다. 배가 고프면 아무 생각도 나지 않고 밥 먹는 시간만 기다려진다. 게다가 신경 또한 날카로워지니 사소한 일에도 서로 짜증을 내거나 언성을 높이기 쉽다. 우리 회사의 이야기를 들으면서 비용을 걱정하는 분들이 계시는데, 사실 먹거리는 직원들이 일하는 데 활력을 주는 것이므로 비용이 아니라 투자라고 보는 게 더 맞다. 게다가 요즘은 온라인 쇼핑이 워낙 활성화되어 있어 얼마든지 매우 저렴한 가격에 많은 간식을 구입할 수 있다.

그러나 반드시 염두에 둬야 할 것이 있다. 회사에서는 '누가 아침 빵을 준비할지'도 하나의 핵심 사안이 된다는 사실. 그러니 어떤 새로운 일을 벌이든 직원들이 큰 부담감을 느껴서는 지속되기 어렵다. 우리는 총무 담당자 혼자 이 일을 하는 것이 아니라 먹을거리마다 담당자가 정해져 있어, 각자에게 큰 부담을 안겨주지는 않는다. 음료 담당, 라면 담당, 비스킷 담당, 견과류 담당 등 이렇게 담당을 정하는 것마저도 우리에게는 즐거운 놀이와 같았다.

사실 처음 한두 달은 바구니가 빌 때마다 담당자에게 말을 해야만 다시 바구니가 채워졌다. 하지만 몇 달간 인내를 갖고 지속적으로 지켜본 결과, 이제는 바구니가 비워져 있는 경우를 좀처럼 보기 어렵다. 나는 이것이 바로 '신뢰의 마법'이 아닐까 생각한다. 이렇게 에브리온TV는 즐거운 회사, 행복한 회사가 갖춰야 하는 습관을 하나씩 하나씩 늘려가고 있는 중이다.

리더의 지시에는 다 이유가 있다

●● 김경익 의장님은 에브리온TV를 구성할 때 그동안 회사를 이끌면서 행했던 실수들을 반복하지 않기 위해 아주 작은 부분도 혁신적으로 실행할 것을 결심하셨다고 한다. 그리고 의장님이 이와 같은 '경영 혁신의 탈'을 쓰고 처음 시도했던 것은 '먹거리가 많은 회사'를 만드는 것이었다.

이 책을 읽고 있는 대부분의 독자들은 그분의 '먹거리를 향한 욕심'이 그리 나쁘지 않다고 느껴질 수도 있을 것이다. 그러나 간식을 마련해야 하는 나와 직원들 입장에서는 '헝그리 정신'을 강조해온 우리나라의 전통(?)과도 걸맞지 않을뿐더러 굳이 없어도 그만인 '불필요한 호사'를 누리게 하려는 의장님의 의도가 좀처럼 이해되지 않았다. 경영지원 조직조차 제대로 세팅되지 않은 작은 회사에서 음료수를 냉장고에 가득 채우고 아침마다 신선한 우유와 빵을 준비하라는 지시는 '일하느라 바빠 죽겠는데 왜 이런 것까지 해야 해? 안 먹고 말지.'라는 생각이 절로 들게 만든 것 또한 사실이다.

그리고 그 지시는 유망한 벤처기업의 설립자이자 대기업 계열사의 대표이사가 하기에는 너무 가볍고, 해당 전문 분야에서는 스스로 프로페셔널하다고 자부하는, 경력 약 15년 차의 총괄 사업 본부장이 받기엔 어울리지 않다는 생각까지 들었다.

하지만 나는 늘 철저하게 고수하고 있는 팔로워십 원칙을 발휘해 의장님이 원하는 그 이상의 빵과 우유가 준비될 수 있도록 전 직원과 함께 노력했다.

그렇게 했던 이유는 단순하다. 아침마다 신선한 빵을 준비하라는 지시를 이행하지 않았을 경우, 의장님께 그에 대한 해명을 해야 한다. '하지 못하는 이유'를 나열하며 갈등을 일으키고 스트레스를 받다가 정작 더 중요한 일을 그르치기보다는 그래도 지시대로 행하는 게 훨씬 나을 거라 판단했을 뿐이다.

그런데 막상 아침에 신선한 식빵에 치즈를 넣고 딸기잼을 듬뿍 발라 우유와 함께 입에 넣는 순간, 그동안 쌓였던 의구심과 불만은 작은 감동으로 바뀌었다. '너무나도 귀찮았던 일'로 인해 우리 회사 직원들의 아침이 다른 회사의 아침과는 사뭇 달라진 것이다.

나중에 의장님은 나의 이 작은 노력이 당신이 생각한 혁신적인 기업문화를 현실화시키는 데 결정적인 기여를 했다고 하셨다. 솔직히 말하면 아직까지도 의장님이 그 많은 것 중에서도 하필 먹거리가 항상 가득한 회사를 경영 혁신의 첫 출발점으로 삼았던 이유를 완벽히 이해하지는 못하겠다. 그러나 적어도 지난 몇 개월간 경험해본 결과, '먹을 것이 항상 준비되어 있는 회사'는 적어도 그렇지 않은 회사보다 조직의 구성원들을 행복하게 만든다는 점만큼은 의심의 여지가 없다고 본다.

'기업의 이익'보다 '직원의 행복'을 먼저 고민하는 리더, 그리고 본인이 몸담고 있는 회사가 행복한 일터라고 느끼는 직원들이 있는 기업이 좋은 성과를 만들어낼 것이란 건 너무나 당연하지 않은가.

10
음악은
생각을 트이게 한다

에브리온TV 사무실에는 늘 음악이 흐른다. 팝송, 가요, 클래식 등 다양한 장르의 음악은 자칫 삭막해질 수 있는 사무실을 화기애애하게 만들어준다. 음악은 일을 하다 보면 스트레스를 받고 매너리즘에 빠지기 쉬운 직원들의 마음에 여유를 불어넣어주기 위한 우리 회사만의 장치라고 할 수 있다.

'음악이 흐르는 사무실' 또한 우아한형제들을 벤치마킹한 것이다. 당시 김봉진 대표는 곳곳에 여러 개의 스피커를 고르게 배치할 것을 조언해주었다. 처음에 스피커 하나만 두고 사용했더니 스피커와 가까운 쪽 직원은 시끄러워 불편해하고, 먼 곳에 있는 직원에게는 들리지 않는 문제가 발생했던 것이다.

사무실에 음악이 들린다고 하면 대부분 업무에 방해되지 않을까 걱정하는데, 전혀 그렇지 않다. 정숙을 유지해야 한다고만 생각했던 사무실에 음악이 들리니 더 자유분방한 느낌이 들어 통통 튀는 아이디어도 더 잘 나오는 것 같다.

초반에는 음악 담당자가 DJ처럼 직접 선곡해서 틀었다. 우리는 다 같이 음악을 들으며 새로운 노래를 알기도 하고, 흥얼흥얼 콧노래를 부르기도 한다. 가끔은 7080 음악도 흘러나오는데 이것은 나를 배려한 것이 아닌가 싶다. 이처럼 서로가 좋아하는 음악을 공유하면서 우리 회사는 점차 특별한 공간이 되어갔다.

꼭 무에서 유를 창출하는 것만이 크리에이티브는 아니다. 나는 기존에 우리가 '할 수 없다'고 여기는 것의 또 다른 면을 발견하고, 이를 현실화시키는 것 또한 크리에이티브의 출발점이라 생각한다.

사실 우리가 좀 더 편리하게 음악을 틀 수 있는 것은 '에브리온 TV 서비스' 덕분이다. 약 30여 개의 음악 채널이 장르별로, 그것도 무료로 24시간 방송되고 있기 때문이다. 그래서 우리가 사용하고 있는 음향 시스템은 사실 '텔레비전'이다(더불어 우리는 음악을 들으면서 서비스에 문제가 있는지 모니터링까지 할 수 있어 일석이조의 효과를 누리고 있다).

여러분도 에브리온TV 서비스를 구동할 수 있는 디바이스가 있다면 이를 활용하기를 추천한다. 그전에는 담당자가 MP3 파일을 매주 업데이트해야 하는 등 잔손이 많이 갔다. 하지만 에브리온TV

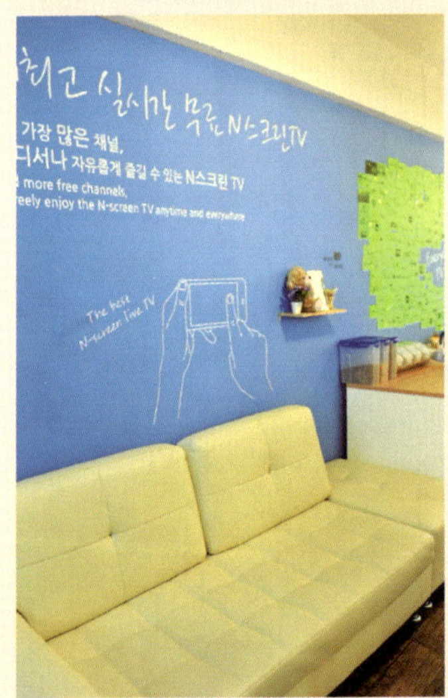

카페에서나 볼 법한 조명, 근무 중에도 언제든 누워서 휴식을 취할 수 있는 소파, 눈이 편안해지는, 학교 교실에서 흔히 보는 나무 바닥재. 이런 것들이 모여 사람을 중시하는 기업 문화를 만들어낸다.

음악 채널은 계속해서 최신곡이 자동으로 업데이트되므로 지금은 담당자가 전원만 켜면 모든 세팅이 끝난다.

그러나 우리는 각자의 취향을 존중해 개인적으로 다른 음악을 듣고 싶으면 개인 이어폰을 사용하는 것을 허용한다. 또, 회의를 하다 보면 음악 때문에 상대방의 얘기가 잘 들리지 않을 때도 있는데 이때는 볼륨을 줄인다. 이처럼 상황에 따라 유연하게 대응하므로 직원들은 음악이 업무에 방해가 된다고 느낀 적이 한 번도 없었다고 한다. 그리고 2년이 넘는 시간 동안 음악이 흐르는 사무실에서 일하다 보니 이제 조용한 사무실에 가면 오히려 이상하다고 너스레를 떤다.

> "IT 기업은 왠지 차가울 것 같은, 또는 개인적인 분위기일 것 같은 고정관념이 있지만 에브리온TV는 따뜻합니다. 그래서 따뜻한 사람들이 모인 곳, 'EVERY 溫(온)'이라고 표현하고 싶네요."
>
> – 서비스마케팅팀 최영석 대리

사무실에 음악이 흐르고, 직원들을 위한 사내 카페가 있으며, 언제든 간식을 먹어도 되고, 쉬고 싶으면 소파에 누워 잠깐 눈을 붙일 수 있는 회사. 이처럼 자유롭고 유쾌한 분위기가 우리의 사무실 전체를 아우르고 있다.

사실 에브리온TV는 예상과는 다르게 상하관계가 다소 엄격한 편이다. 특히 영업과 제휴 업무를 담당하는 팀은 그들 스스로 '우리 팀은 군대 같다'고 곧잘 농담을 던진다. 이는 자유는 맘껏 누리되 '지킬 것은 지키자'는 문화가 깊이 스며들어 있기 때문이다.

누군가를 잘 따르는 '팔로워십'과 자율성을 최대한 보장하는 '자유분방함'. 이 두 가지는 하나로 묶이기 힘들어 보이지만, 우리 회사는 지킬 것은 지키면서 자유분방한, 두 가지 상반된 모습이 조화를 잘 이루고 있다.

2년 전 음악 담당을 맡았던 직원이 지금까지 아무 문제없이 사무실에 음악이 끊기지 않도록 노력하고 있는 것을 보면 여전히 리더십과 팔로워십이 잘 작동하고 있다는 생각이 든다. 사실 사무실에 늘 음악이 흐르게 하는 가장 큰 힘은 음향 시스템의 질이 아니라 음악을 담당하는 직원의 변함없는 헌신이다. 그래서 나는 단 하루도 빠지지 않고 음악을 틀어주는 우리 뮤직 디렉터에게 늘 고맙다.

신뢰의 반은
팔로워십이다

총괄 사업 본부 **박성현 본부장**

이 책의 또 다른 저자이자 에브리온TV 내 '팔로워십의 대가', 총괄 사업 본부 박성현 본부장. 그는 카리스마가 넘치는 리더임과 동시에 호탕한 웃음으로 사내 분위기를 화기애애하게 만드는 분위기 메이커이다. 그는 신뢰는 결코 리더십만으로 이루어지지 않으며, 아래로부터의 팔로워십이 함께 받쳐질 때 비로소 기업문화로 정착될 수 있음을 늘 강조한다. 중간 관리자로서 에브리온TV의 살림을 도맡아 하고 있는 그의 이야기를 한번 들어보자.

편집자　간단한 자기소개와 함께 하는 일을 말씀해주세요.

박성현　저는 사업에서 서비스에 이르기까지, 에브리온TV의 거의 모든 것을 총괄하여 관리하고 있습니다. 우리 회사는 약 20명 정도가 일하는 작은 회사라 단일 본부로 구성되어 있거든요.

편집자　의장님께 언제나 든든한 조력자가 되어주시고 계신데요. 에브리온TV에 오기 전에는 어떤 일을 하셨나요?

박성현　운 좋게 지금까지 '최초'라는 수식어가 달린 신규 사업을 많이 경험했습니다. 국내 최초 디지털 케이블TV 서비스, 그리고 국내 최초 IPTV 서비스와 사업을 기획하는 뉴미디어 관련 일을 했거든요. 그러다가 오픈 IP 기반의 TV와 영상 서비스가 곧 이 업계의 핵심이 되리라 믿고 당시 인터넷 동영상 서비스로 잘 알려졌던 판도라TV에 입사했죠. 그런데 얼마 후 아이폰을 선두로 스마트폰이 등장하면서 스마트폰과 스마트TV로 방송과 영상을 시청하는 사업을 구상하게 되었습니다.

편집자　그럼, 어떻게 에브리온TV에 오시게 된 건가요?

박성현　당시 판도라TV 의장님이었던 김경익 의장님과 미래의 방송 영상 시장에 대한 이야기를 하다가 에브리온TV 서비스를 만들게 되었고요. 이후에 현대HCN과 판도라TV가 에브리온TV 서비스를 합자 회사로 설립하기로 하면서 자연스럽게 오게 되었습니다.

편집자　한 기업의 중간 관리자로서 가장 중요하게 생각하는 것은 무엇인가요?

박성현　중간 관리자는 잘 이끌기도 해야 하지만 잘 따르기도 해야 하는, 복잡한 위치에 있어서 곤란할 때가 많습니다. 아마 저와 같은 위치에 있는 분들은 공감이 많이 되실 겁니다. 너무 뻔한 얘기지만 잘 따르기 위해서는 잘 이끌어야 하고, 잘 이끌기 위해서는 잘 따라야 하는 것이 가장 중요하겠죠? 하지만 그 둘이 조화를 이루게 하는 건 결코 쉬운 일이 아닙니다.

편집자　구체적인 예를 들어주시겠어요?

박성현　이를테면 매일 아침 체조를 하라는 상사의 엉뚱한 지시는 사실 팔로워로서도 쉽게 수긍이 안 되고, 또 매우 귀찮은 일이잖아요. 나도 그런데 하물며 부하직원들은 어떻겠어요. 그런데 제 자신도 동의가 안 되는 지시를 그들도 따르게 만들어야 하니 큰 스트레스로 다가오죠.

편집자　그럴 때는 어떻게 해결할 수 있을까요?

박성현　여기에 바로 '신뢰'라는 촉매제가 필요합니다. "엉뚱한 지시이긴 하지만 나보다 더 높은, 그러니까 더 많은 정보와 노하우를 가진 위치에 있는 리더가 내린 결정이니 썩 내키지 않아도 이왕이면 잘 따라보자." 이렇게 맘을 먹는 겁니다. 제가 먼저 이런 생각을 갖고 이를 직원들에게도 전했는데도 "그래도 저는 싫습니다." 하면서 무작정 반대하는 부하직원은 거의 본 적이 없습니다.

편집자　그러한 팔로워십이 리더에게도 큰 영향을 미칠까요?

박성현　그럼요. 리더는 사소하고 엉뚱한 데다 심지어 잘못된 방향일지도 모르는 자신의 생각을 열심히 따라주는 직원들을 보고 감동할 수 밖에 없죠. 그렇게 팔로워가 리더를 믿어주면 리더 또한 팔로워를 믿어주는 선순환 구조가 만들어지는 겁니다.

편집자　한마디로 리더십과 팔로워십이 신뢰를 중심으로 선순

"리더는 자신을 잘 따르고 믿어주는 직원들을 행복하게 해주고 싶
다는 생각을 하게 되고, 직원들은 자신들의 행복을 위해 노력하는
리더를 더욱더 신뢰하게 되죠."

환구조를 이루는 것이군요.

박성현 　네, 맞습니다. '효자가 효자를 낳는다'는 말처럼 리더의 생각을 최대한 존중하고 따르려고 노력하는, 저의 '무한 신뢰'를 보면서 부하직원들도 나의 든든한 조력자가 되어가는 것이지요.

편집자 　에브리온TV의 경쟁력 또한 신뢰와 존중의 문화에서 나온다고 보시나요?

박성현 　물론입니다. 직원들의 개인 시간을 존중해주고, 그들을 배부르고 즐겁게 만들어주려는 모든 일의 시작 역시 제가 계속 강조하듯 '팔로워십'이라고 생각합니다. 리더는 자신을 잘 따르고 믿어주는 직원들을 행복하게 해주고 싶다는 생각을 하게 되고, 직원들은 자신들의 행복을 위해 노력하는 리더를 더욱더 신뢰하게 되죠. 서로를 행복하게 하려고 노력하는 것이야말로 우리 회사를 계속해서 발전하게 만드는 원동력이 아닐까 생각합니다.

편집자 　에브리온TV에서 가장 자랑하고 싶은 복지제도가 있다면 소개해주시겠어요?

박성현 　한 달에 한 번 본인이 정한 날에 '얼리 버드(early bird)'나 '레이트 버드(late bird)'라는, 일종의 선택형 시간 근무를 할 수 있습니다. 얼리 버드를 사용할 경우 평소보다 2시간 일찍, 그러니까 오전 7시에 출근하는 대신 오후 4시에 퇴근해서 문화 활동을 즐길 수 있습니다. 레이트 버드를 사용할 경우에는 오전 11시에 출근을 하는 대신 오후 8시에 퇴근을 하죠. 이렇게 2시간 늦게 출근하면 지옥철을 피할 수도 있고, 늦잠을 잘 수도 있고, 한 달에 한 번 정도는 자녀의 등굣길을 함께해줄 수도 있고요. 전체 근무 시간에는 변화가 없지만, 출퇴근 시간을 약간 조정하는 것만으로도 삶의 질을 높일 수 있습니다.

편집자 네. 한 달에 한 번이라도 그런 혜택을 누리면 하루라도 개인시간을 충분히 가질 수 있겠네요. 이번엔 다른 질문을 해보겠습니다. 본부장님께서 형처럼 따르고 계신 김경익 의장님은 어떤 리더라고 생각하시나요?

박성현 의장님을 잘 알지 못하던 시절에 그분에 대해서 들었던 소문이 있었는데, 호불호가 확실했습니다. 오랜 기간 사업을 하는 과정에서 피와 살과도 같은 직원들을 내보내기도 했을 테고, 회사의 이익을 위해 다른 회사에 손실을 일으키기도 했겠죠. 그러니 좋지 않은 이야기 또한 생겨날 수밖에 없었을 겁니다.

편집자 그런데 실제로는 어땠나요?

박성현 가까이서 본 김경익 의장님은 역시나 직원들을 가족처럼 생각하지 않더군요. '가족처럼'이 아니라 정말로 '가족이라' 생각하는 따뜻한 리더라는 의미입니다(웃음). 그리고 직원들에게 늘 그 진심을 표현하고요. 결국 그런 것들이 축적되어 에브리온TV의 기업문화에도 긍정적으로 기여할 수 있었다고 생각합니다.

편집자 그렇다면 에브리온TV를 다니면서 가장 기뻤던 순간은 언제인가요?

 음……(잠시 침묵). 하나하나 주마등처럼 스쳐 지나가네요. 에브리온TV 앱이 출시되고 다운로드 순위 1위를 기록했을 때, 합자 회사 설립이 결정되어 작은 팀으로 출발했던 에브리온TV가 자본금 30억을 가진 어엿한 회사가 되었을 때, 다운로드 수 300만을 기록해 약속받았던 보너스를 받고 즐거워하는 직원들을 보았을 때……. 하지만 가장 기쁜 순간은 우리의 이런 노력을 많은 사람들에게 알릴 수 있게 된, 이 책이 출간되는 순간이 아닐까 싶네요.

Part2
작지만 구글보다 강한 기업문화 만들기

신뢰를 쌓는
우리만의
스토리텔링법

11
기업문화는
사람을 향해야 한다

우리는 좋든 싫든 인생의 많은 시간을 일하는 데 쓴다. 그렇기에 그 시간이 행복하지 않다면 결코 좋은 인생을 살았다고 할 수 없다. 아무리 많은 돈을 벌고, 남들이 부러워할 만한 직업을 가지고 있다 해도 행복하지 않으면 무슨 소용이랴.

그래서 나는 오랫동안 '어떻게 하면 행복한 회사를 만들 수 있을까?'를 고민해왔다. 경영자는 반드시 본인이 운영하는 회사의 직원들을 행복하게 만들어줄 의무가 있다. 같이 일하는 직원들이 행복하지 않은데 사장인 나 혼자 행복한 건 절대 있을 수 없는 일이다.

나는 좋은 사장이 되겠다는 큰 꿈을 꾸며 서른 살에 창업을 했다. 하지만 창업한 이듬해에 IMF 사태가 터지는 바람에 길고 긴 암

흑기를 겪어야 했다. 직원들에게 월급도 주기 어려운 상황이 되자, 함께 일해온 소중한 직원들을 내 손으로 내보내야 하는, 뼛속까지 아픈 고통도 겪어야 했다. 이처럼 좋은 회사, 행복한 회사를 만든다는 것은 말처럼 쉬운 일이 아니다.

그렇게 여러 고난을 극복하고 끝없이 노력한 끝에 결국 IT 분야에서는 세계적 수준이라 말할 수 있는, 판도라TV라는 뛰어난 회사를 세울 수 있었다. 하지만 '직원들의 행복도(度) 역시 세계적 수준인가?'를 생각하면 쉽게 대답이 나오지 않았다.

그 후 항상 내 머릿속을 떠나지 않는 질문은 이것이었다.

'오랫동안 지속가능한 회사는 어떤 회사인가?'

그리고 오랜 시간 이를 생각해본 결과는 다음과 같았다.

'열심히 일을 하고 있지만 기분은 일하는 것 같지 않은 회사.'

이게 무슨 뚱딴지같은 소리냐고 할지도 모르겠다. 이 말인즉슨 일 자체가 회사 구성원들에게 행복을 주고, 일하는 시간이 놀 때만큼 즐거운 그런 회사를 의미한다.

정문술 전 미래산업회장은 일찍이 다음과 같이 말했다.

"직장에서 일하는 행복을 느끼는 사람은 성공한 인생의 주인이며, 일하는 행복을 모르면서 그저 벌어먹기 위해 고달프게 일하는 사람은 실패한 인생을 사는 것이다. 성공적인 기업문화란 직원들이 가장 즐겁고 의욕적으로 일할 수 있는 '무형의 환경'이다. 기업에서 가장 중요한 것은 조직관리가 아니라 행복관리이다."

그렇다. 지금은 회사의 손익만큼 직원들의 행복을 무겁고 심각하게 여기는 회사가 결국 성공을 거머쥐는 시대이다.

노후에 여자에게 필요한 5가지는 '돈, 딸, 건강, 친구, 찜질방'이지만, 남자에게 필요한 5가지는 '아내, 마누라, 부인, 집사람, 아이 엄마'라는 우스갯소리가 있다.

나는 이를 직원과 리더에게도 적용하고 싶다. 직원들에게 필요한 5가지가 '돈, 건강, 소주, 담배, 휴가'라면, 리더에게 필요한 5가지는 '직원, 사원, 종업원, 피고용인, 휴먼 리소스'인 것이다. 즉, 리더에게는 '함께하는 직원'이 전부다. 그리고 이런 철학이 바로 에브리온 TV의 기본 토대가 되었다.

어느 날 박성현 본부장과 이런저런 이야기를 나누다가 다음과 같은 이야기를 들었다. 한번은 본부장이 작은 회사를 운영하는 친구와 맥주 한잔을 하는데 친구가 한 직원 덕분에 프로젝트 하나가 정말 잘되었다고 크게 칭찬을 했다. 그 말을 들은 본부장도 정말 훌륭한 직원이라고 맞장구를 쳤다. 그런데 그게 친구의 마음에 불을 붙였는지 지금 당장 그 직원에게 전화를 걸어 다시 한 번 칭찬을 해줘야겠다고 했다는 것이다.

그러자 본부장은 친구를 말리며 이렇게 말했다.

"너는 아무리 좋은 뜻으로 전화해도 근무 시간 외 상사한테서 오는 전화는 무조건 스트레스야. 그러니까 정말 그 직원을 위한다면 내일 아침 회사에 가서 칭찬해."

쉬고 싶을 때 소파에 누워 휴식을 취하고, 휴
식 시간에 게임에 열중하고 있는 직원들. 또,
아빠의 사무실에 놀러온 가족들의 모습. 이
모든 것들이 나에겐 행복이다.

대부분의 직장인들은 본부장의 말에 격하게 공감할 것이다. 하지만 우습게도 사장들은 이 말을 잘 이해하지 못한다. 심지어 상사의 전화를 스트레스로 여기는 직원을 괘씸하게 생각하기도 한다. 하지만 나는 본부장의 이야기를 듣고 좋은 기업문화에 기여할 수 있는 힌트를 얻을 수 있었다.

인성에 큰 문제가 있는 악덕 사업주가 아닌 이상 대부분의 경영자들은 정도에 차이가 있을 뿐 직원들의 중요성을 인지하고 그들에게 잘 대해주려고 노력한다. 그런데 어찌된 일인지 직원들에게 잘해주려고 노력하면 할수록 어긋나는 일이 더 많다. 직원들과 대화를 많이 나누고 싶어서 개별 면담 시간을 마련하면 직원들의 얼굴이 어두워지고, 격려해주고자 회식을 하자고 하면 다들 한숨만 쉬는 식이다.

관건은 '역지사지'의 관점을 유지해야 한다는 것이다. 늘 직원들의 관점에서 '그들이 원하는 것'이 무엇인지 고민하고, 그것들을 제공해야 직원들도 알아준다. 직원들과 대화를 나누고 싶다면 사장실로 불러서 "하고 싶은 말 있으면 지금 당장 해봐."라고 할 것이 아니라, 평소에 그 직원에게 관심을 갖고 말을 건네는 것이 중요하다.

이것이 어려운가? 절대 아니다. 이는 새로운 친구를 사귈 때와 비슷하다. 친해지고 싶은 친구에게 너와 친해지고 싶으니 지금 당장 나에 대한 생각을 말해달라고 하고, 너에게 선물을 하고 싶은데 선물은 무조건 내가 좋아하는 삼겹살 세트로 할 거라고 한다면 얼마나 황당한가?

이런 태도는 그 친구를 전혀 존중하지 않고 내 마음대로 할 수 있다고 생각할 때 나타난다. 친구를 사귀고 싶다면 그가 어떤 생각을 가진 사람인지 관찰하고, 그가 좋아하는 것이 무엇인지 고민하고, 그가 기뻐할 만한 선물을 해야 한다는 것쯤은 우리 모두 알고 있는 상식이다.

경제가 어려워지고 기업 간 경쟁이 나날이 치열해지면서 사회 전반에서 기업문화에 관한 관심이 높아지고 있다. 이제는 그 어떤 기업도 해당 업계에서 자신이 영원한 강자라고 쉽게 단정 지을 수 없다. 시장은 빠르게 변화하고 있기 때문에 언제 상황이 역전될지 모른다. 상품 역시 과거와는 비교할 수 없을 만큼 다양해지고 있다. 이런 종적·횡적 변화에 대응하기 위해서는 기업 내 어느 한 사람이 아니라 모든 구성원들이 매일매일 새로운 옷으로 갈아입을 수 있어야 한다.

흔히 맥도날드는 매뉴얼에 맞춰 통일된 맛과 분위기를 보여주는 패스트푸드 기업이라고 생각하지만, 실제로는 매우 다양하고 창의적이며 탁월한 현지화 전략을 구사하는 기업이다. 그들은 소고기를 먹지 않는 인도에서는 닭고기나 양고기 패티를 넣은 햄버거를 만들고, 패스트푸드를 혐오하는 프랑스에서는 '어린이는 일주일에 한 번만 맥도날드에 오라'는 메시지의 광고를 내보내기도 했다.

과연 맥도날드의 이런 현지화 전략이 뛰어난 경영자 한 사람 혹은 가장 유능한 직원 한 명에 의해 탄생했을까? 절대 아닐 것이다. 특히 글로벌 기업으로 성공하기 위해서는 모든 구성원들이 각자의 분야에서 각지에 있는 다양한 고객의 요구에 적극적으로 대응해야만 한다.

그렇다면 인간을 능동적으로 만드는 절대조건은 무엇일까? 바로 '행복'이다. 행복하지 않은 환경 속에서는 절대 뛰어난 직원을 오래 붙잡아둘 수도, 기존의 관성을 깨뜨리고 새로운 것을 창조할 수도 없다.

그러므로 좋은 기업문화를 가진 회사란 결국 직원들이 행복한 회사다. 그런데 행복은 회사가 일방적으로 만들어내는 것이 아니다. 그렇다면 행복은 어떻게 만들어지는가? 행복 역시 직원들 스스로 만든다. 그리고 직원들이 '스스로 행복해질 수 있는 능력'을 발휘하기 위해서는 그들의 일터가 제대로 성장할 수 있는 적당한 토양과 햇빛을 제공해줘야 한다.

지금 우리 사회 분위기가 점차 각박해지고, 가정불화가 점차 늘어나는 데에는 좋은 기업문화가 부재한 탓도 있다. 아직도 많은 기업이 겉으로는 '직원들을 위한다'고 하면서 실제로는 직원들을 소모품처럼 다룬다. 그런 기업은 결코 경쟁력을 가질 수 없다. 그리고 기업이 오직 눈앞의 이익만을 추구하면, 그 안에서 일하고 있는 사람들의 마음은 점점 피폐해진다. 기업이 자꾸만 직원들 한 명 한 명의 삶을 인정해주지 않으면, 우리의 미래를 짊어질 사랑스러운 아이들은 부모의 얼굴조차 보기 어려운 세상을 계속 살아가야 한다.

나는 비록 작은 회사를 이끌고 있는 경영자이지만 내가 짊어진 사회적 책임만큼은 여느 재벌 그룹의 경영자 못지않다고 생각한다. 나와 함께 일하는 사람들과 그 가족들의 행복이 나 한 사람에게 달려 있다는 생각으로 경영에 임하고 있기 때문이다. 나는 한 회사의 경영자로서 내가 운영하는 회사에 바람직한 기업문화를 정착시킬 책임과 의무가 있다. 그리고 에브리온TV의 지난 궤적은 바로 이런 제대로 된 기업문화를 만들기 위한 나름의 실험이었다고 생각한다.

맥도날드 직원들은 자신들의 회사를 이렇게 정의한다.

"우리는 햄버거 회사가 아니다. 햄버거를 만드는 사람들의 회사다."

과연 그들이 세계적인 기업이 될 수 있었던 저력이 무엇인지를 짐작할 수 있게 만드는 말이다. 올바른 기업문화가 정착되어야만 우리의 가정은 제자리를 찾고, 기업은 경쟁력을 갖추게 되며, 궁극적으로 우리 사회도 행복한 사회가 된다. 그리고 그 첫 시작은 결코 복잡하거나 어렵지 않다.

12
칼퇴근 문화로 저녁이 있는 삶을 만든다

밤거리를 걷다 보면 늦은 시간까지 불이 켜져 있는 사무실을 쉽게 볼 수 있다. 그 광경을 보면서 아마 많은 직장인들이 밤늦게까지 고생하는 그곳 직원들에게 어떤 동정심과 동질감을 느끼리라.

하지만 대개 사장들이 그렇듯, 나도 오랫동안 불이 꺼지지 않는 사무실들을 보며 흐뭇함을 느꼈던 때가 있었다. 밤이 가는 줄도 모르고 열정적으로 일하고 옆에서 보면 미쳤다 싶을 정도로 일에 몰두하는 모습, 도전을 두려워하지 않는 자만이 내뿜을 수 있는 특유의 아우라……. 한때는 이런 것들이 진정으로 멋지다고 생각했다.

하지만 나이가 들고 주변 사람들이 얼마나 소중한지 피부로 느끼면서 나의 이런 관점에 약간의 변화가 일어났다. 인생에 있어 일

이 중요한 건 너무나 당연하지만, 그만큼 그 외의 시간도 중요하다
는 사실을 가슴 깊이 깨달은 것이다. 즉, 회사에서 업무를 보는 시간
이나 가족들과 평범하게 대화를 나누는 시간 모두 살아가는 데 있
어 너무나 귀중한 것들이다.

사람의 에너지에는 분명 한계가 있다. 그리고 일을 1년, 2년 하
고 그만둘 것이 아니라 10년, 20년 계속하기 위해서는 마라톤 선
수처럼 체력을 안배하는 지혜도 필요하다. 우리의 인생은 단거리가
아닌 장거리 경주이기 때문이다.

나 역시 다른 벤처인들과 마찬가지로 30대에는 하루가 멀다 하
고 밤을 새며 일했다. 어릴 적부터 체력 하나는 자신이 있었던지라
그렇게 일을 해도 힘든지조차 몰랐다. 하지만 그건 내 착각이었다.
내가 둔해서 잘 몰랐을 뿐 실제로 내 몸은 조금씩 망가지고 있었다.
며칠씩 밤을 새고 나면 허리가 많이 아팠는데, 당시엔 별거 아니라
생각하고 그냥 무시하고 지냈다. 하지만 그때 무리한 까닭에 아직
도 허리가 썩 좋지 못한 편이다.

한국에서 사업을 한다는 것은, 특히 벤처를 운영한다는 것은 거
의 죽을 각오를 하고 해야 하는 모험이다. 그래도 요즘에는 개인 채
무탕감제도, 벤처 육성을 위한 정부의 노력 등이 존재하지만, 내가
사업을 시작한 1996년에는 벤처라는 말도 들어보지 못한 채 창업
을 했다. 그리고 나뿐만 아니라 모든 창업자들이 죽도록 고생해야
했고, 실패 후엔 큰 후유증에 시달려야 했다. 사업하다 망하면 온 가

족이 망하는 건 벤처기업이나 식당이나 매한가지다.

그러다 보니 정말 미친듯이 일에 몰두할 수밖에 없었다. 당시에도 나는 사장이었지만, 회사에서 제일 열심히 일하는 사원이기도 했다. 그러니 집은 거의 신경 쓰지 못했다. 일도 많고, 욕심도 많고, 뭔가를 빨리 이루려는 의욕까지 앞서니 일이 그 어떤 가치보다도 중요했고, 다른 건 보이지 않았던 게 사실이다.

돌이켜보면 그때는 사업으로 성공하는 것이 가족과 나, 모두에게 가장 중요하다고 생각했던 것 같다. 하지만 사업이 아무리 중요해도 시간을 쪼개서라도 아이들과 함께했어야 했는데, 한 가정의 가장이자 남편, 그리고 두 아이의 아빠로서 너무나 미안하다.

그때 가족에게 소홀했던 것을 뼈저리게 후회하고 있기에 지금의 나는 우리 가족뿐 아니라 우리 직원들, 그리고 그들의 가족까지 행복하길 진심으로 바란다. 그렇다고 일을 무작정 천천히 진행할 순 없지만 그래도 항상 한 템포씩 늦춰서 생각하고, 직원들이 원하는 방향으로 결정하려 노력한다.

이런 경험을 통해 내가 깨달은 것은 일과 개인생활 간에 반드시 균형이 필요하다는 것이다. 그리고 열심히 일한 다음에는 푹 쉬어야 다음에 일을 더 잘할 수 있다. 사업에도 타이밍이 중요하지만 가족·연인·친구관계에서도 타이밍이 중요하다. 오늘 꼭 누려야 할 것들을 내일로 미루지 않을 때 우리는 비로소 안정되고 행복한 인생의 주인으로 살아갈 수 있다.

이런 깨달음을 얻은 후 나는 야근부터 줄이기로 했다. 그리고 정해진 근무 시간을 충실히 보내면 퇴근 후에는 더 이상 조급해하지 않기로 했다. 그리고 내가 운영하는 회사에도 이런 인식이 뿌리 박게 하기 위해 ―특히나 에브리온TV는 모든 시스템을 새로 만들어야 하는 신생 회사였으므로― 초기에 이런 문화가 정착되도록 더욱더 각별히 신경 썼다.

그래서 나는 일을 다 마친 사람이 다른 사람의 눈치를 보지 않고 빨리 퇴근할 수 있게 조치를 취했다. 칼퇴근 문화가 정착되기 위해서는 진심으로 그것을 당연하다고 생각하는 회사 분위기가 먼저 형성되어야 하며, 직급이 높은 사람부터 빨리빨리 퇴근해주는 노력이 필요하다. 상사는 본인이 야근을 하더라도 아랫사람들이 눈치 보지 않도록 집에 가도 된다고 말해줘야 한다. 이때 부하직원의 입장에서 상사가 말로만 그렇게 하는 것이라고 느껴지지 않도록 진심을 다해 이야기하는 게 중요하다.

우리 회사의 총책임자인 나 역시 오후에는 외근이 많아 사무실에 거의 없는 편이고, 나 다음으로 에브리온TV를 책임지고 있는 박성현 본부장 역시 항상 칼퇴근을 하면서 살신성인(?)하고 있다고 들었다.

만약 이와 같이 기업문화가 전반적으로 개선되지 않은 상태에서 무조건적으로 '야근금지령'을 내리면 오히려 더 큰 불만을 야기할 수 있어 주의해야 한다. 업무량 자체가 많으면 칼퇴근을 하더라

도 어차피 집에 가서 일을 하거나 주말에 계속 일을 해야 하기 때문
이다.

우리는 남과 상대적으로 비교될 때 더 큰 불행을 느낀다. 따라
서 어떤 직원이 '왜 매일 나와 내가 소속된 팀만 야근을 하고 있지?'
라고 생각하기 시작하면 그 자체가 불행을 낳는 메커니즘이 된다.

칼퇴근 문화를 위해 취해야 하는 조치 중 하나는 '일정 조정'이
다. 야근하는 사람들의 이야기를 들어보면 그들의 업무량이 절대적
으로 많다기보다 어떤 시기에 일이 몰려서인 경우가 많다.

예를 들어 다른 팀으로부터 어제 넘겨받았어야 하는 일을 오늘
받았다든가, 상사가 퇴근 30분 전에 일거리를 던져주면서 내일 아
침 이에 대해 보고하라고 하는 식이다. 이런 경우가 반복되면 결코
야근문화를 없앨 수 없다. 따라서 갑작스럽게 일이 치고 들어올 때
일정 조율이 자연스럽게 이뤄질수록 시스템을 정비하는 것이 필요
하다(159~163쪽 참고).

물론 내가 지금 칼퇴근 문화
를 정착시키기 위해 힘쓰고 있다
고 해서 열심히 일했던 과거를
전부 후회하는 것은 아니다. 또
지금도 밤을 지새우며 서울의 아
름다운 야경을 만들어내고 있을
많은 직장인들을 비난하고 싶은

"에브리온TV는 '저녁이 있는 회사'입니
다. 저녁이야말로 스스로를 성장시키고,
휴식을 취하면서 에너지를 충전하고 가
족과 못다 한 이야기와 추억을 쌓을 수
있는 소중한 시간인데 많은 직장인들이
그 특권을 누리지 못하고 있죠."

— 총괄 사업 본부 박성현 본부장

생각도 없다. 나는 우리 회사가 오늘날의 행복을 누릴 수 있는 것 또한 과거의 땀과 노력 덕분이라고 생각한다. 우리나라의 눈부신 발전도 마찬가지다.

하지만 이제는 조금씩 달라져야 한다. 우리나라의 젊은이들은 세계 어디에 내놓아도 부족함이 없는 똑똑하고 성실한 인재들이다. 그런데 '지금 우리 기업들이 과연 이렇게 훌륭한 인재를 제대로 활용하고 있는가?'를 생각하면 고개를 갸우뚱하게 되는 것은 어쩔 수가 없다.

과학자의 꿈을 안고 공학도가 되어 IT업계에 야심차게 진출한 많은 젊은이들은 지나친 업무강도와 답답한 기업문화에 깊이 실망하고 상처를 받는다. 그런데도 여전히 많은 기업들이 뛰어난 인재들을 데려다 그들을 성장시키고 발전시키기보다 그들의 에너지가 다 소진될 때까지 소모품처럼 써먹는다. 이런 식으로는 결코 세계 최고 수준의 IT 국가 자리를 유지할 수 없다.

내가 1994년 처음 취직했을 때만 해도 IT업계 종사자로서 앞길이 막막했다. 국내의 핵심 기술은 해외에서 들여온 것이 전부였고, IT의 중요성에 대한 정부와 사회의 인식 또한 매우 미미한 수준이었다. 하지만 지난 20년 동안 많은 것이 달라졌다. 우리는 현재 '세계 최고 수준의 IT 국가'라는 타이틀을 갖고 있으며 훌륭한 수많은 벤처기업과 함께 뛰어난 역량을 갖춘 인재들을 보유하고 있다. 여기서 더 도약하느냐 마느냐는 우리가 갖고 있는 이 보물을 어떻게 활용하느냐에 달려 있다.

이를 위해서는 가진 것들을 제대로 꽃피울 수 있는 '기업문화' 부터 만들어야 한다. 회사는 인재들에게 충분한 교육과 여러 기회를 제공하고, 잘 먹고 잘 쉬고 열심히 일할 수 있는 환경을 만들어줘야 한다. 이는 특정 회사뿐 아니라 모든 기업이 노력해야 하는 부분이며, 이래야만 우리나라가 한 단계 더 성장할 수 있다.

IT 분야는 지금 특별한 기회 속에 놓여 있다. 어쩌면 우리는 다시는 손에 쥘 수 없는 절체절명의 기회 속에 있는지도 모른다. 과거 어느 업종에서 이런 기회를 맞이한 적이 있던가? 우리는 반드시 이 기회를 잡아야 한다. 그 시작은 결코 어렵지 않다. 서울의 밤을 밝혔던 수많은 불빛들에 감사하는 마음을 갖되, 이제는 서서히 그 불빛이 꺼지도록 노력하는 것이 첫걸음이다.

13
우리만의 무기가 있어야만 승리한다

2012년 8월. 당시 역삼동에 있던 판도라TV 회의실에서 에브리온TV 서비스 기획 발표회가 있었다. 그때 나는 판도라TV의 대표 자리를 전문 경영인에게 맡기고, 판도라TV 재팬과 에브리온TV 신규 사업의 전략본부장으로 일하고 있었다.

에브리온TV 사업을 준비하던 당시 내 생각은 분명했다. 모바일 시대에서 살아남기 위해서는 기존의 유선 인터넷 시장에서 해왔던 방식을 완전히 탈피해야 한다는 것. 당시 우리 회사를 포함한 많은 IT 기업들은 갑자기 닥쳐온 모바일 시대에 어떻게 대응해야 할지 몰라 갈팡질팡하고 있었다. 때를 놓치면 영원히 낙오자가 될 수도 있었기에 어떤 식으로든 경영자의 결단이 필요했던 시기였다.

그로부터 한 달이 지난 시점에 나는 그동안 우리 직원들이 야심 차게 준비했던, 100페이지가 넘는 아주 방대한 분량의 에브리온TV 서비스 기획서를 받았다. 그런데 거기엔 아주 큰 문제가 있었다. 그 기획은 경쟁사 서비스의 '짝퉁'에 불과했던 것이다.

경쟁사를 과도하게 의식하기 시작하면 아무리 훌륭한 기업도 경쟁자보다 더 나은 제품을 만들어내기 어렵다. 잘해도 그와 비슷한 수준일 뿐이고, 보통은 그보다 못한 제품이 나온다. 그때 난 우리가 경쟁사를 너무 과하게 의식하고 있었음을 깨달았다.

내가 바란 것은 그들과는 완전히 다른 '우리다운 것'이었다. 비록 우리가 '티빙(tving: CJ그룹 산하의 CJ헬로비전이 제공하는 N스크린서비스)'보다 늦게 시작하긴 했으나 판도라TV는 유튜브(YouTube)보다도 세상에서 가장 먼저 동영상 공유 서비스를 만든 회사였다. 게다가 실시간 생방송 TV도 판도라TV의 초기부터 해왔던 것이니, 이런 내용을 담고 있던 그 기획서는 당연히 날 만족시키지 못했다.

나는 티빙과 비슷한 제품이 아니라 '에브리온TV라는 새로운 세상'을 만들고 싶었다. 바로 스마트폰에서도 쉽게 볼 수 있는 DMB, 즉 '손안의 TV' 말이다.

이는 앱을 만들면 되는, 아주 쉬운 일이었다. 또, 나는 로그인도, 회원가입도 필요 없는 서비스를 원했다. 그러나 유선 인터넷 서비스에 익숙했던 우리 팀에겐 이런 간단한 혁신조차 쉽지 않았을 것이다. 당시 모든 인터넷 기업들이 우선 회원가입부터 받고 서비스를 시작하지 않았던가. 그러다 보니 우리 팀원들도 당연히 그래야 한다고 생각했고, 결국 기획서가 경쟁사의 것과 똑같아지고 말았다.

남민우 벤처기업협회장은 "대기업은 항공모함과 같고, 중소기업은 작은 배와 같다. 항공모함은 배를 돌리기 힘들고 움직임이 더디지만, 벤처는 작은 배답게 날렵하게 움직이고 방향 전환이 쉬워야 한다."라고 했다. 작은 배를 만들어야 하는 우리가 항공모함의 모양새를 따라 하려 했으니, 하루빨리 우리에게 맞는 모양을 찾기 위해 머리를 맞대야만 했다.

그리고 마침내 우리는 이 문제를 풀었다! 어떻게 했을까? 바로 웹을 포기하고 '모바일'로만 가기로 한 것이다. 즉, '우리에게 더 이상 웹은 없다'고 과감히 선포했다. 그리고 우리는 이 생각을 재빠르게 실행으로 옮겼다.

정식으로 프로젝트팀을 구성한 것은 2011년 7월 1일이었는데, 그 후 약 1주일 만에 웹 사이트를 완성했다. 이를 위해 디자이너와 개발자는 각각 사나흘 동안 작업했다. 그리고 그 결과, 그야말로 아무것도 없는 웹 사이트가 탄생했다. 웹 사이트는 3~4페이지에 불과했고, 에브리온TV에 대한 안내와 사용설명, 그리고 별 볼 일 없는 작은 자유게시판 하나만 들어갔다. 그리고 에브리온TV 앱을 다운로드하는 큼지막한 버튼만이 추가되었을 뿐이다.

이처럼 소기업은 대기업과는 다른 전략을 구사해야 살아남을 수 있다. 직원이 고작 5~20명 정도 되는 작은 회사는 절대 모든 것

작은 회사는 대기업과 같은 전략으로는 절대
승리할 수 없다. 우리는 각고의 노력 끝에 '손
안의 TV'라는 무기를 만들어냈다.

을 다 잘할 수 없다. 그래서 우리도 '모바일이 전부다'라는 모토대로 '선택과 집중'을 확실히 했던 것이다. 나는 이때가 바로 우리의 첫 번째 이노베이션이 이루어지는 순간이었다고 생각한다.

이것은 스마트 모바일 시대에 웹의 역할은 매우 부수적이며, 보잘 것 없다고 판단을 내렸기에 가능한 일이었다. 카카오톡 역시 웹사이트에 크게 힘을 쓰지 않는데, 이는 매우 훌륭한 정책이라고 생각한다. 웹 서비스에 대한 수많은 유혹을 뿌리치고 한 방향을 고수하고 있는 김범수 의장은 대한민국 최고의 '모바일 통'이라 해도 손색이 없다.

우리는 그렇게 그해 초부터 시작된 서비스 기획 전체를 모두 버리고, 오로지 '앱 서비스'에만 집중하는 것으로 노선을 수정했다. 그리고 7월 말에 PC 어플리케이션 오픈, 8월 말에 아이폰 앱을 오픈, 9월 말에는 안드로이드 앱을 오픈하는, 소위 '살인 일정'을 잡았다. 그렇게 짧은 시간 내에 PC부터 모바일까지 통하는 앱 소프트웨어를 개발해서 런칭한 사례는 전례가 없었다. 게다가 당시엔 앱 개발자가 흔치 않았던 때라 안드로이드 개발자를 채용하는 일도 매우 어려웠다.

그러니 주변에서는 당연히 다들 안 된다고 뜯어말렸다. 하지만 나와 박성현 본부장은 우리의 뜻에 확신을 갖고 의기투합했다. 그 결과, 우리는 예상보다 한 주 늦어진 5주 만에 PC앱을 만들어냈다. 그리고 판도라TV의 R&D 센터는 실시간으로 영상을 인코딩해 압

축하고 전송하는 최고의 기술을 선보이는 데 성공하였다. 그 후 기적처럼 4주 만에 아이폰 앱을 출시했고, 그다음 또 4주 만에 안드로이드 앱을 출시했다.

결과는 어땠을까? 우리 앱은 시장에서 폭발적인 인기를 얻었다. 많은 벤처기업가가 공감하겠지만 '스마트 월드'에서 제품을 생산하는 공식은 과거와 완전히 달라야 한다. 이렇게 재빠르게 대처하지 않으면 시장을 절대 따라 잡을 수가 없다.

비록 공중파 채널은 저작권 문제로 서비스를 제공할 수 없었지만 종편채널과 YTN뉴스, J골프 등과 같은 인기채널, 경제채널, CNN뉴스와 아리랑TV, 종교방송 그리고 낚시와 당구 방송 등 60여 개의 채널을 서비스할 수 있었다. 아무런 가입 절차 없이 앱만 다운받으면 누구나 DMB보다 나은 화질로 3G환경이나 와이파이 환경에서 일반화질과 고화질, 이 두 가지 모드 중 한 가지를 선택해서 볼 수 있게 된 것이다. 그야말로 '국내 최초 손안의 무료 TV'가 세상에 나오는 순간이었다.

2012년 초에 오픈한 에브리온TV의 이러한 실적에 현대HCN도 고무됐다. 콘텐츠와 플랫폼의 만남이 가져온 결과는 역시 기대 이상이었다. 특히 무료 기반의 모바일TV는 빠르게 늘어나는 스마트폰 사용자들에게 큰 호응을 얻었고, 우리는 계속 성장했다. 이것은 우리가 독자적으로 하기엔 어려운 사업이었기에 판도라TV와 현대HCN은 합작법인 설립을 합의하기에 이르렀다. 만난 지 3년 만에 좋은 결실을 맺은 것이다.

그렇게 합작법인 설립을 위한 절차를 진행한 결과, 2012년 6월 말 현대HCN에 가까운 서초동에 새로운 둥지를 틀 수 있게 되었다. 그날은 바로 서비스 킥오프 이후 정확히 만 1년이 되는 날이었다.

이처럼 작은 회사는 '그 누구도 따라올 수 없는 우리만의 무기'를 가져야만 한다. 만약 우리 회사의 아이템이나 제품이 가진 강점이 경쟁사의 것과 확실하게 차별화된다면, 머뭇거리지 말고 도전정신과 열정으로 밀어붙이길 바란다.

다만 시장성이 좋아 보인다고 해서 경쟁사의 아류나 짝퉁을 생산하는 일은 무조건 경계해야 한다. 그 경우, 단기적으로는 먹힐지 몰라도 생명력이 길지 않아 결국엔 선두주자에게 밀리게 되어 있다. 우리만의 정체성을 가질 수 있는, 단 한 마디로 축약할 수 있는 무기를 갖는 것, 이 역시 직원들에게 긍지와 자부심을 심어줄 뿐 아니라 결국 벤처의 수명을 연장시킨다.

14
회사에서 하는
모든 것은 일이다

에브리온TV의 사무실은 60평 남짓 되는 작은 공간이다. 이 조그마한 사무실에 적합한 휴지통의 개수는 과연 몇 개일까? 고작해야 1개, 많으면 3개가 아닐까.

하지만 우리 사무실에는 총 6개의 쓰레기통이 그 위용을 자랑하고 있다. 처음에는 일반 쓰레기를 버리는 용, 재활용 쓰레기를 담는 용, 이렇게 2개뿐이었다. 하지만 내가 분리수거를 위해 플라스틱, 유리, 캔, 비닐 등으로 용도를 좀 더 디테일하게 나누어야 하지 않겠느냐고 했더니 갑자기 6개로 늘어나버렸다.

직장인이 느끼는 성차별 조사 결과, 여자는 '커피 심부름'을, 남자는 '무거운 물건 옮기기'를 일 순위로 꼽았다고 한다. 네이버 지식인의 인기 글 중에 '커피 심부름 거절하는 방법'이 올라와 있는 것을 보면 커피 심부름은 사회생활에 있어 결코 가볍게 넘길 수 없는 난제임에 틀림없다.

어찌 보면 별것 아닌, 말 그대로 '심부름'인데도 불구하고 기획서를 제출하거나 영업을 하라는, 보다 어려운 지시보다도 그 일이 더 꺼려진다는 게 리더의 입장에서는 이해가 잘 안 갈지도 모르겠다. 나도 그랬다. 그러나 최대한 그들의 입장에 서서 '왜 직원들이 이러한 잡무와 심부름을 꺼릴까?'에 대해 곰곰이 생각해보았다. 그 결과, '업무와는 무관한 쓸데없는 일'이라는 인식이 가장 큰 이유라는 결론을 내렸다.

한번은 내가 생각하는 의도와는 다른 방향으로 작성된 보고서를 보고, 담당 직원에게 "이것은 A가 아니라 B가 되어야 하네."라고 지적한 적이 있다. 그런데 그 직원은 "지난번에 A로 가야 한다고 해서 그렇게 했는데, 왜 이제 와서 B로 하라고 말씀을 바꾸는 겁니까?"라며 따졌다.

이런 상황에서 대부분의 사장은 "그냥 시키는 대로 하면 될 것이지, 웬 잔말이 이렇게 많으냐." 하며 질책하기 마련이다. 하지만 그 경우, 설사 직원이 내 앞에서는 "예, 알겠습니다."라고 했더라도 속으로는 좋지 않은 감정을 품고 뒤돌아설 게 뻔하다. 그리고 그 직원과의 관계는 한순간에 나락으로 떨어져버린다.

나는 다른 사장에 비해 직원들에게 친절한 편에 속한다고 생각한다. 나는 직원이 잘 모르겠다고 하면 가능한 한 이해가 될 때까지 설명해준다. 하지만 나의 설득이 항상 통할 수는 없기에 이에는 상당한 스트레스와 시간을 필요로 한다. 솔직히 말해 '업무 시간'이라는 소중한 자원을 '단지 이해력이 부족한 직원'을 위해 사용하고 있는 그 상황이 낭비처럼 느껴질 때도 있다. 이것을 유식하게 말하면 일종의 '사회적 갈등 조정 비용'이 늘어났다고 할 수 있는데, 그 비용이 커질수록 기업의 자원 낭비 또한 늘어나는 것도 사실이다.

따라서 직원을 충분히 설득하지 않은 채 업무를 진행하게 함으로써 발생하는 비용과 직원을 잘 이해시키기 위해 애씀으로써 발생하는 '갈등 조정 비용' 중 어떤 것을 더 줄여야 하는지를 판단하는 것 역시 리더의 몫이기도 하다.

제너럴 일렉트릭(GE)의 제프리 이멜트(Jeffrey Immelt) 최고경영자는 "나는 1년에 7~12번 정도 '시키는 대로 해'라고 얘기해야 할 때가 있다. 만약 당신이 1년에 18번이나 이런 식으로 말한다면 좋은 사람들이 떠나갈 것이다. 그런데 만약 당신이 3번만 이렇게 말한다면 회사가 무너지게 될 것이다."라고 말했다. 리더는 그만큼 자기 확신이 있어야 하고, 때로는 그걸 밀어붙여야 하기에 결코 민주적일 수만은 없음을 강력하게 시사하는 말이다.

나도 어느 정도는 이에 동의한다. 누군가는 모두가 하기 싫어하는 일을 반드시 해야 한다. 그리고 리더 역시 직원이 하기 싫다는 걸 뻔히 알면서도 지시해야 하는 일이 허다하다.

그러나 어떤 상황에서건 '아무 근거도 제시하지 않은 채' 직원에게 지시하는 것은 절대 옳지 않다. 그래서 박 본부장은 직원들에게 "회사에서 하는 일 중 일이 아닌 것은 단 하나도 없다."라고 늘 강조한다. 즉, 지시받은 일이 아무리 사소하고 업무와 관련이 없어 보여도 그것을 '업무'라고 생각하고 처리하라는 의미이다.

커피 심부름을 요청받았을 때 드는 생각은 아마도 '일하느라 바빠 죽겠는데 왜 내가 이런 것까지 해야 돼?' 혹은 '내가 이런 일을 하려고 대학교 때 뼈 빠지게 공부한 줄 알아?'일 것이다. 하지만 커피 심부름조차도 업무의 연장이라고 생각한다면 이러한 불평은 자연스럽게 사라질 수 있다.

사실 이러한 마인드 컨트롤은 팔로워 혼자만의 노력으로는 불가능하다. 리더 역시 팔로워로 하여금 회사에서 하는 모든 일이 '업무'임을 명확히 알릴 필요가 있다. 그리고 사실 그전에 구성원 간에 서로 믿고 의지하는 신뢰관계가 구축되어 있어야 한다.

쉽게 말해 신뢰가 기업문화 전반에 깔려 있는 회사에서는 부하직원의 커피 심부름이 상사에 대한 지원이자 서비스지만, 그렇지 않은 경우에서는 단지 '일과는 거리가 멀고 귀찮기만 한, 구시대적이고 권위적인 지시'로 전락하는 것이다.

지금까지 나열한 얘기가 '상사의 지시는 무조건 따르라'는 말로 들릴 수도 있어 부연 설명을 해보겠다. 리더의 지시가 잘못되었다고 판단했다면, 당연히 아랫사람은 본인이 생각하는 바른 방향을 제시해야 한다. 그런데 그럼에도 불구하고 리더가 방향을 바꾸지 않는다면 그 결정을 따름과 동시에 그것이 최대한 좋은 결과를 가져오도록 노력하는 게 낫다.

아리스토텔레스는 "남을 따르는 법을 알지 못하는 사람은 좋은 리더가 될 수 없다."는 말을 남겼다. 대부분의 경영서는 주로 '리더십'을 다룬다. 하지만 배에 선장만 가득하고 노를 저을 사람이 없다면 그 배는 나아갈 수 없다. 배가 원하는 방향으로 나아가려면 선장의 말에 귀 기울이고 노를 저어줄, 믿음직스럽고 충성스러운 선원들이 반드시 필요하다. 마찬가지로 잘 따라주는 사람이 없는, 능력 좋은 리더만 있는 조직은 리더가 부재한 조직만큼이나 위험하다.

에브리온TV가 '즐거운 회사'로서 지금까지 살아남을 수 있었던 비결은 '믿음을 바탕으로 한 리더십과 팔로워십'이 상호작용하고 있다는 것이다. 즉, 직원들은 경영자의 욕심을 현실화시키는 데 일조하고, 경영자는 그에 보답하기 위해 그들의 목소리에 귀 기울인 덕이다.

'이해하다'라는 뜻을 가진 영단어 'Understand'는 '그 사람의 밑(Under)에 서야(Stand) 진정으로 그 사람을 이해할 수 있다'는 뜻이라고 한다. 만약 팔로워의 위치에 있는 직원들이 나의 뜻에 의구심만 품은 채 따라주지 않았다면, 즐거운 회사를 만들기 위한 나의 욕심은 그저 '상상 속 이상'으로 끝났을 것이다.

지금까지 우리 직원들은 내 머릿속에서 창조된, 괴상망측(?)한 지시들도 성심성의껏 너무나 잘 따라주었다. 그리고 박 본부장은 그것들이 보통의 머리로는 이해하기 쉽지 않은, 리더의 용기 있는 경영 혁신이었던 것 같다고까지 말해준다. 그리고 나 역시 우리 회사가 이렇게 발전할 수 있었던 것은 바보스럽기까지 한 리더의 생각과 판단을 잘 따라준 직원들 덕분이라는 말을 입에 달고 산다.

이것이야말로 '좋은 아이디어를 실행하는 리더십'과 '믿고 따르는 팔로워십'의 환상적인 조화가 아닐까. 그래서 나는 에브리온TV야말로 서로 간에 사랑과 정, 그리고 신뢰가 넘치는 진정한 '신(信)의 직장'이 아닐까 생각한다.

반만 설득당해도
지시를 따른다

●● 나는 리더의 의견과 나의 의견이 다를 경우 일명 '50퍼센트의 법칙'을 따른다. 리더가 나에게 자신의 의견을 100퍼센트 이해시키기 위해서는 어마어마한 시간과 노력이 소요된다. 따라서 반만 설득당해도 그것을 따르는 게 낫다고 판단한 것이다.

직원을 설득하기 위해 50퍼센트 이상 노력한 리더는 단지 10퍼센트만 설득하고 나서 "그냥 하라면 하지, 무슨 잔말이 많아."라고 말하는 리더에 비하면 엄청난 노력을 했음을 인정해야 한다. 또, 그만큼 부하직원을 존중하는 리더라면 따르는 것이 마땅하다는 게 나의 지론이다.

그리고 리더가 50퍼센트 이상 설득을 했다는 것은 의사 결정을 철회할 마음이 거의 없음을 뜻한다. 따라서 부하직원이 암만 그 의견을 되돌리려고 노력해도 시간 낭비가 될 가능성이 매우 크다. 또, 내 의견을 받아들이지 않는 상사가 야속하고 얄밉듯이, 상사 역시 똑같은 마음일 거라는 역지사지 정신을 대입해볼 필요도 있다.

50퍼센트의 법칙은 나의 상사가 어떠한 성향이냐에 따라 그 비율을 달리할 필요가 있다. 부하직원의 의견을 늘 경청하고 잘 이해하는 상사에게는 '50퍼센트의 법칙'이 적용되지만, 그렇지 않은 경우엔 조금만 설득이 되어도 따르는, 즉 '30퍼센트의 법칙' 혹은 '20퍼센트의 법칙'을 적용할 수도 있는 것이다.

리더로서의 나 역시 부하직원에게 이 법칙을 적용한다. 다만 내가 상사에게 적용하는 비율보다는 좀 더 너그럽게 할당해주려고 노력한다. '팔로워십'이 제대로 성숙되어 있지 않은, 쉽게 말해 '고집있는 부하직원'은 자신의 의견이 올바르건 올바르지 않건, 그것이 쉽게 꺾이면 자신의 열정이 윗사람으로부터 인정받지 못하고 무시당했다고 오해할 소지가 있다. 따라서 중간 관리자라면 자신을 중심으로 위로는 그 비율을 낮추고, 아래로는 그 비율을 높이는 재치가 필요하다.

나의 실험 결과, 그 설득의 비율은 신기하게도 직급이 내려갈수록 점점 늘어났다(물로 개개인마다 다를 것이다). 즉, 경력이 많은 팀장급은 20퍼센트만 이해시켜도 움직이는 반면, 경력이 비교적 적은 부하직원일수록 본인이 90퍼센트 이상 설득되지 않으면 절대로 쉽게 자신의 주장을 꺾으려 하지 않았다.

자, 그렇다면 여기서 한 가지 의문이 생길 것이다. 누가 봐도 명백하게 잘못된 리더의 의사 결정도 '50퍼센트 법칙'에 따라 무조건 따라야만 하는 걸까?

물론 그렇지는 않다. 100퍼센트 잘못된 길이라면 그 비율은 '90퍼센트의 법칙'으로 바꿔야 한다. 하지만 '상사의 지시가 잘못된 길인지 아닌지를 명확히 판단할 수 있는 경우가 얼마나 되는가'를 한번 생각해볼 필요가 있다. 그리고 내 입장에서는 결코 알 수도 없고, 볼 수도 없는 무언가가 더 있을지도 모른다는 생각으로 마음을 열어야 한다. 내 경험상, 실제로 상사가 완전히 100퍼센트 틀리는 일은 거의 없었다고 해도 과언이 아니다.

팔로워 역시 리더를 향해 'ㅇㅇ퍼센트의 법칙'을 가지듯, 리더 역시 팔로워를 향해 'ㅇㅇ퍼센트의 법칙'을 가지고 있을 수도 있다. 내가 의장님께 50퍼센트의 법칙으로 당신을 따르고 있다고 말씀드리자, 의장님도 때때로 나의 의견에 100퍼센트 동의하지는 않았어도 나의 의견을 귀담아들었다고 하셨다.

믿음은 상대의 의견에 100퍼센트 동의한다고 해서 생기는 것이 아니다. 설사 완전히 수긍하지는 않더라도 100퍼센트의 믿음을 갖고 그를 따르는 것이 진짜 신뢰를 만드는 길이다.

사실 '엉뚱한 산'으로 이끄는 리더를 따르는 것은 엄청나게 스트레스를 받는 일이다. 하지만 어쩔 수 없이 그 리더를 따르게 되었고, 이미 산 중턱까지 따라간 상황이라면 실의에 빠진 리더에게 힘을 실어줄 수도 있어야 한다. 부하직원이 상사에게 "다시 한 번 힘을 내서 이번엔 제가 말씀드렸던 저쪽 산으로 가보는 게 어떨까요?"라고 애기할 수 있는 조직이라면 궁극에는 '목적했던 정상'에 반드시 도달하고야 말 것이다.

나는 산 아래에서 리더에게 "이 산은 아닌 것 같습니다."라고 설득할 시간에 그 산에 그냥 함께 올라가보는 것도 나쁘지 않다고 생각한다. '잘못된 산'을 의기투합해서 오를 수 있는 구성원들이 모인 조직이라면 '제대로 된 산'은 그 누구보다 빨리, 잘 오를 수밖에 없다는 것은 너무나 자명한 사실이기 때문이다.

15
일을 놀이처럼, 놀이를 일처럼

《톰 소여의 모험》을 쓴 미국의 소설가 마크 트웨인은 '성공의 비결은 당신의 직업(vocation)을 휴가(vacation)로 만드는 것'이라고 말했다. 나는 이 말이야말로 즐겁게 일하는 사람이 얼마나 큰 경쟁력을 가지고 있는지를 잘 시사하고 있다고 생각한다.

미디어와 언론에는 늘 성공한 사람들이 나온다. 그런데 그들의 성공 비결은 하나같이 똑같아서, 듣다 보면 따분할 지경이다.

"좋아하는 일이라 남들 시선 같은 건 신경 쓰지 않고 열심히 하다 보니 지금의 자리까지 오게 됐습니다."

이것은 우리가 귀 기울여 들어야 하는 말임에 틀림없다. 하지만 사실 인기 가수나 예술가, 세계적으로 명성을 떨치고 있는 성공한 사업가들과 평범한 직장인들을 비교하는 건 무리가 있다.

우리가 텔레비전에서 보는 사람들은 대부분 특별한 일을 하며 특별한 인생을 사는 특별한 사람들이다. 하지만 그렇지 않은 평범한 사람들은 얼마 없는 선택지 안에서 늘 조심스럽고 신중하게 선택해야 한다.

이런 사람들에게 '힘든 상황을 즐기고, 어려울수록 도전정신을 발휘하라'고 외치는 것은 별 의미가 없다. 허름한 차고와 컴퓨터 한 대가 있다고 해서 누구나 스티브 잡스가 되는 건 아닌 것처럼, 평범한 사람들은 그저 주어진 재능과 환경을 최대한 활용하여 내가 할 수 있는 최선의 삶을 성실히 살아낼 뿐이다.

그래서 나는 '직원들이 일터에서 행복을 느끼려면 어떤 회사가 되어야 할까?'를 고민했고, 결국 이는 '어떻게 하면 노는 것과 일하는 것의 경계가 사라진 회사를 만들 수 있을까?'라는 질문으로 이어졌다.

그렇다면 즐거운 회사의 핵심은 무엇일까? 잘 노는 회사? 이벤트가 많은 회사? 아니다. 무엇보다 일이 즐거워야 한다. 업무가 괴롭고 따분한데 근무 환경이 다른 회사보다 조금 더 낫고 회사 분위기가 자유롭다고 해서 직원들이 행복을 느낄 수 있는 건 아니다.

고민 끝에 내가 생각해낸 해결책 중 하나는 '회사를 내 손으로 만들어가는 재미'를 부여하는 것이었다. 사실 만들어가는 재미는 대개 사장들이 느끼는 즐거움이다. 사장들이 아침부터 저녁까지 오직 회사만 생각하며 신 나게 일을 하는 것은 꼭 돈 버는 재미 때문만은 아니다. 세상에 없는 것을 만들어내고, 사회의 변화에 기여한다는 기쁨, 그런 것들이 복합적으로 작용하여 그들을 자발적으로 움직이게 만드는 것이다.

사람은 누구나 새로운 것을 창조하고 싶어 한다. 내 회사를 만드는 것 역시 창조이며, 회사를 내 손으로 만들어가는 일 또한 어떤 오락 못지않게 재미있는 작업이다. 그리고 그 후에 얻은 수익은 일한 뒤에 찾아오는 달콤한 보상이다. 대다수의 사장들은 그 즐거움에 푹 빠져 있다.

만약 직원들도 회사의 일정 부분을 스스로 만들어갈 수 있다면 그러한 재미를 조금이라도 느낄 수 있지 않을까? 그래서 나는 직원들로 하여금 사무실에 필요한 물품을 직접 구입하거나 인테리어도 스스로 하게 했다. 그리고 지금 우리 회사가 나아가고 있는 방향을 정확히 보여주고, 각 구성원들이 해야 할 일을 명확히 알려주고, 그 사람이 그 일을 함으로써 우리 회사가 어떻게 변화했는지를 선명하게 드러내주었다.

거창하게 들릴지도 모르지만 별로 어려운 일이 아니다. 개발자에게는 그가 개발한 프로그램이 어떻게 시장에 출시되어 어떤 결과를 가져왔는지 알려주고, 디자이너에게는 그가 했던 디자인이 어떤 점에서 뛰어났으며 우리 회사의 이미지를 어떻게 제고했는지를 말해준다. 관리자에게는 그의 업적이 우리 회사의 발전에 어떤 식으

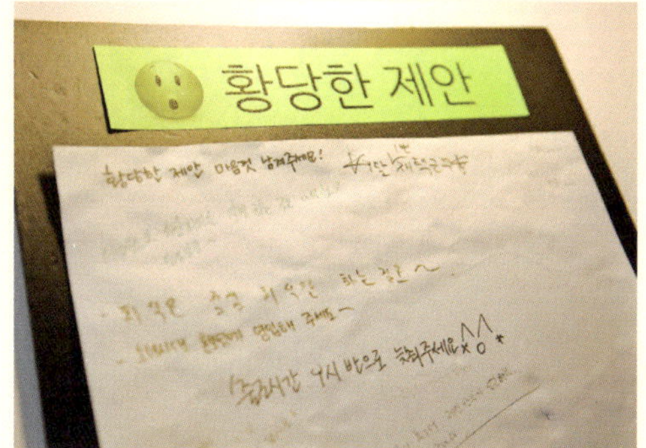

지난 20년간 회사를 이끌면서 알게 된 변치 않는 진실은, 행복한 회사가 행복한 직원을 만들며, 웃으면서 일하는 직원이 고객도 웃게 만든다는 사실이다.

로 기여했는지를 정확히 알려준다.

내 일에 대한 주도권을 갖고 직접 그 일을 운영하게 해줌과 동시에 그로 인한 결과까지 온전히 그 사람의 것으로 만들어주면 사람은 누구나 일의 재미를 느끼게 된다. 그리고 그 재미를 아는 사람은 누구보다 빠르게 발전한다. 시키는 일만 하는 사람과 자발적으로 일하는 사람은 눈빛부터 다른 법이다.

하지만 그렇다고 해서 아무도 도와주지 않고 직원 혼자 그 일을 하도록 떠넘기거나 잘못된 일을 직원들이 책임지게 해서는 안 된다. 우리는 언제나 하나의 공동체라는 생각으로 서로서로 도와야 하며, 그래야만 '모두 함께' 발전할 수 있다.

2013년 7월 「SBS 스페셜」에서 '리더의 조건'이라는 다큐멘터리가 방영된 이후, 사회적으로 큰 화제를 불러모았다. 이 프로그램에서도 바람직한 리더의 조건으로 '신뢰'를 꼽았으며, 이를 위해서 리더 본인이나 측근들의 부패를 막아야 한다는 메시지를 전했다.

또한 성공적으로 리더의 역할을 수행하고 있는 여러 사례를 보여주었다. 기업 자산의 95퍼센트는 직원이라고 말하는 SAS의 짐 굿나이트(Jim Goodnight) 회장, 80퍼센트가 넘는 지지율을 기록하며 퇴임한 전 핀란드 대통령 타르야 할로넨(Tarja Halonen), 자기 월급의 90퍼센트를 가난한 사람들을 위해 기부하고 전 재산이라고는 낡은 중고차 한 대뿐인 우루과이 전 대통령 호세 무히카(Jose Alberto

Mujica Cardano) 등이 그 주인공들이다. 이들은 기업과 국가를 막론하고, 자기가 이끄는 조직의 구성원들을 그 무엇보다 소중하게 여긴다는 공통점을 갖고 있었다.

우리나라에서 존경받는 리더로는 소프트웨어업체, '제니퍼소프트'의 이원영 대표가 나왔다. 제니퍼소프트는 같은 IT 회사이기도 해 개인적으로 더더욱 많은 관심이 갔다. 이원영 대표의 철학은 간단했다. '회사에서 좀 놀면 안 되냐'는 것이다. 물론 이는 무작정 노는 것이 아니다. 자기 할 일을 알아서 잘하면서 노는 것이다. 그러면 회사가 내실 없이 겉만 번지르르한 거 아니냐고 따질 수도 있지만, 실제로 그 기업은 몇 년째 성장 일로에 있는 유망한 회사다.

이원영 대표는 직원들이 자기가 맡은 일만 잘 수행하면 그가 회사에서 어떻게 지내든 상관하지 않는다. 그리고 구성원들이 회사에서 정말로 재미있게 놀 수 있도록 수영장과 카페도 마련했다. 그는 이 모든 것을 어떤 대가도 바라지 않고, 회사가 직원들에게 즐거운 공간이 되길 바라는 순수한 마음에서 하고 있었다. 왜냐하면 그에게 회사는 '우리 모두 행복하기 위해 모인 공간'이기 때문이다.

특히 나에겐 가족을 중시하는 경영철학이 인상적이었다. 그 회사에는 '하지 말아야 할 33가지 목록'이 있는데 그중 하나는 다음과 같다.

"'지금 회의 중이라서 조금 이따가 전화할게.'라고 말하지 마요. 가족의 전화는 그 어떤 업무보다 우선이에요."

짧지만 참 많은 것을 생각하게 해주는 문장이다.

사실 우리나라 직장인들의 하루를 생각해보면 어떻게 가정을 유지하는지 신기할 정도다. 직장인들의 통근 시간은 보통 1시간 이상이다. 출근하기 전과 후에 씻고 옷 갈아입는 시간 등을 합치면 이 역시 평균 2시간 이상일 것이다. 거기에 회사에 있는 8시간, 식사시간 1시간, 수면시간 7시간 정도를 빼면 가족들과 얼굴을 맞댈 수 있는 시간은 많아 봤자 평균 5시간 정도다.

그런데 우리나라에 저녁 6시 '땡' 하면 퇴근할 수 있는 직장인이 과연 몇이나 될까? 회사에서 추가근무를 하는 한두 시간, 저녁을 챙겨 먹고 집을 치우고 하는 시간을 생각해보면 실제로 남편 혹은 아내, 아이들과 온전히 얼굴을 맞댈 수 있는 시간은 한두 시간 될까 말까다.

상황이 이렇다 보니 '살기 위해 일하는 건지, 일하기 위해 사는 건지 모르겠다'는 한탄이 절로 나온다. 어떤 회사에서는 퇴근할 때 "집에 잘 들어가보겠습니다." 하지 않고 "집에 잠깐 다녀오겠습니다." 한다니, 이 정도면 그냥 웃고 넘길 일은 아닌 것 같다. 이런 상황이 지속되면 개인의 삶에도 악영향을 끼치고 장기적으로는 회사의 성과에도 영향을 미칠 수밖에 없기 때문이다.

> "날씨가 좋을 땐 퇴근 후 다 같이 농구를 하러 가거나 볼링을 치러 가는데요. 다 자발적으로 이루어집니다. 이런 활동 때문에 서로 가까워지고, 업무로까지 이어져 시너지 효과를 발휘한답니다!"
>
> – 채널사업팀 박상영 매니저

에브리온TV는 '고객에게 즐거움을 주는 동영상 서비스'를 제공하는 회사다. 하지만 이를 제공하는 직원들이 행복하지 않다면 어떻게 고객들에게 즐거움을 줄 수 있을까?

미국 경영대상을 수상한 페덱스, 제록스 대표는 고객 감동의 비결에 대해 다음과 같이 말했다.

"고객 감동의 비결은 간단하다. 감동한 직원이 감동한 고객을 창출해낸다. 감동한 직원은 상사와 경영진을 신뢰하고, 자기 일과 조직에 자부심을 느끼며, 일에서 보람과 재미를 느낀다."

사우스웨스트 항공의 허브 켈러허(Herb Kelleher) 전 회장 역시 창립 25주년 기념식에서 이런 말을 했다.

"직원, 고객, 주주 중에서 누가 가장 중요한가? 나에게는 애초부터 문제가 되지 않는 질문이었다. 당연히 직원이 첫 번째이기 때문이다. 직원이 행복하고, 만족하고, 헌신적이며, 에너지가 충만하면 그들은 고객에게 최고의 서비스를 제공한다. 그렇게 고객이 행복해지면 그들은 다시 우리에게 오게 되어 있다. 그러면 그것이 주주도 행복하게 만든다."

직원들에게 일의 주도권을 주는 것, 일과 삶의 균형을 맞춰주기 위해 노력하는 것, 회사에서 배불리 먹고 쉴 수 있게 해주는 것, 이 모든 시도는 오직 직원들을 행복하게 해주기 위해서다. 그리고 그들이 느끼는 행복은 곧 우리 회사의 서비스를 이용하는 고객들에게까지 전달될 수밖에 없다.

　한번은 우리 회사 직원 중 하나가 퇴근 시간이 되어도 집에 가지 않고 주말에도 회사에 나와 있었다. 그 직원에게 지나치게 많은 업무가 할당되어 있는 것은 아닌지, 현재 진행하고 있는 업무에 무슨 문제가 있는건 아닌지 걱정돼 "자네는 왜 그렇게 회사에 오래 나와 있나?" 하고 슬쩍 물어보았다. 그랬더니 그 직원이 웃으면서 이렇게 대답하는 것이 아닌가.

　"회사가 저희 집보다 먹을 것도 많고 재미있어서요."

　나는 그래도 회사에 너무 오래 있지 말라고 면박을 주었지만 그렇게 말해주는 그에게 무척이나 고마웠다. 노는 것과 일하는 것의 경계가 사라진 회사, 별일이 없어도 내 집처럼 머무르고 싶은 회사, 그런 회사가 바로 내가 만들고 싶었던 회사였으니까.

　그래서 나는 지금도 에브리온TV 직원들과 함께 그런 회사를 만들어가기 위한 모험을 계속하고 있다.

16 유머를 곳곳에 스며들게 한다

웃음과 재미를 추구하는 우리 회사의 분위기는 고객들에게도 즐거움을 준다. 다음은 우리 회사에서 흔히 볼 수 있는 공지 글이다.

공지

안녕하세요, 에브리온TV입니다.
4월 16일 오후 6시부터 6시 30분까지 30분간,
LG트윈스 채널에서 타 구단의 경기 중계가 방송되었으나
6시 31분경에 정상 조치되었습니다.
시청에 혼란을 드린 점 진심으로 사과드리며,
담당 직원에게 불같은 응징을 가하도록 하겠습니다.
(…)
오늘도 즐거운 야구 시청 되시기를 바랍니다. 감사합니다.

조금 남다른(?) 이 공지는 누가 시켜서 한 것이 아니라 이용자들을 즐겁게 해주기 위해 알아서 올린 것이다. 그리고 그의 색다른 시도는 어느새 에브리온TV만의 방식이 되었다. 이는 '일을 놀이처럼, 놀이를 일처럼' 여기는 우리의 기업문화가 자연스럽게 드러난 사례라고 할 수 있다.

지난 몇 년간 이른바 '펀 경영(fun management)'이 경영 혁신의 한 트랜드였다. 쉽게 말해 조직의 구성원들이 즐거워야 참여와 헌신을 이끌어낼 수 있고, 이로써 생산성도 높아진다는 경영법이다.

펀 경영의 대표 사례로는 앞서 언급했던 사우스웨스트 항공을 들 수 있다. 이 기업은 1967년 설립 이후 초기 몇 년을 제외하고는 지속적으로 흑자경영을 해 더더욱 유명하다. 다음은 사우스웨스트 항공의 흔한 공지 글이다.

고객에게 즐거움을 주기 위해서는 일단 직원들이 즐거워야 한다. 특히나 '즐거움'과 같은 가치를 제공해야 하는 서비스 직종이라면 더욱더 그렇다. 사우스웨스트 항공을 미국 최고의 항공사 중 하나로 만든 허브 켈러허 회장은 바로 이 사실을 누구보다 잘 알고 있었다.

사우스웨스트 항공은 1971년까지만 해도 보유 비행기가 단 1대뿐인 소형 항공사였다. 하지만 그가 취임하고 편 경영을 도입하면서 비약적인 발전을 맞았고, 그가 퇴임한 2008년에는 500대의 비행기를 보유한 미국 4위의 항공사로 거듭났다.

허브 켈러허 회장의 철학은 지독할 정도로 단순했다.

'일은 즐거워야 한다. 그리고 직원이 언제나 가장 우선이다.'

그는 평소에 "웃지 않는 리더를 위해 일하지 말라. 일은 재미있어야 한다."라고 말하며 재미의 중요성을 늘 강조했다. 그리고 그 또한 직원들을 웃기기 위해 토끼 분장을 하고 출근길에 나타나기도 했다. 또, 회사 로고를 둘러싸고 경쟁사와 분쟁이 생겼을 때는 경쟁사 최고경영자에게 팔씨름으로 시비를 가리자는 엉뚱한 제안으로 공동 로고 사용권을 따내 큰 이슈가 되기도 했다.

에브리온TV에도 면접 시 '담당 팀장과의 팔씨름에서 이겨야 입사할 수 있다'는 재미있는 규정이 있다. 물론 팔씨름 결과는 입사 여부와 크게 상관없지만 우리는 순진한 면접자에게 이렇게 장난을 치면서 한바탕 크게 웃곤 한다.

팔씨름에서 어떻게든 이기려고 얼굴이 시뻘개지도록 진지하게 임하는 귀여운 면접자도 있는가 하면, '에이, 다 알아요.' 하는 표

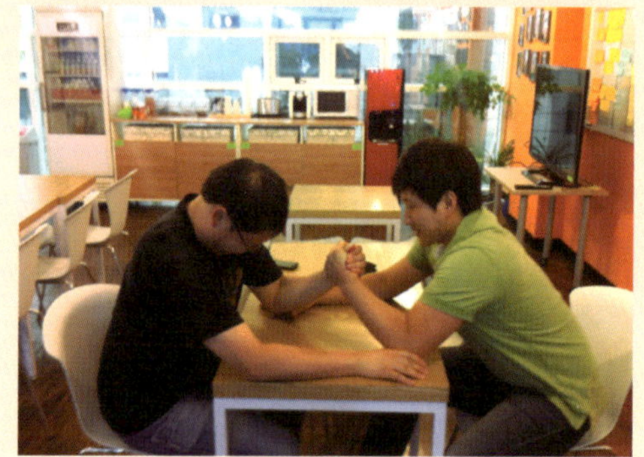

우리 회사에 처음으로 방문하는 손님들은 '밀어서 잠금해제' 문 앞에서 잠시 멈춘다. 또 우리는 면접자와 팔씨름을 하는 광경에도 익숙하다. 이렇게 일상의 작은 부분에도 유머를 심는 것 역시 신뢰를 만드는 한 방법이다.

정으로 임하는 능글맞은 면접자도 있다. 어떻게든 이기려 하는 면접자와 지지 않으려는 팀장과의 한판 승부를 구경하는 일은 언제나 재미있다. 이처럼 항상 일어나는 평범한 일상에도 특별한 재미를 부여하자는 것이 우리의 철학이다.

피터 드러커와 함께 현대 경영의 창시자로 불리는 경영의 대가 톰 피터스(Tom Peters)는 "웃음이 드문 곳에서 일하지 말라."라고 말했다. 돌려 말하면 웃음이 있는 곳이 최고의 일터인 것이다.

우리 회사에 들어설 땐 누구나 '밀어서 잠금해제'라고 쓰여 있는 문 앞에 잠시 멈춘다. '모바일이 전부'라는 우리 회사의 뜻을 출입문에서부터 나타내기 위해 직원들이 유머감각을 발휘한 것이다.

한번은 택배 아저씨가 그 스티커를 계속 밀면서 문이 왜 안 열리냐며 화를 내신 적도 있었다. 하지만 곧 그것이 스티커임을 알아차리자, 다 함께 껄껄대며 웃을 수 있었다.

리더가 즐겁고, 직원이 즐겁고, 고객이 즐거운 회사와 그렇지 않은 회사가 경쟁했을 때, 과연 누가 승리를 거머쥐게 될까? 결과는 뻔하다. 승리의 여신은 당연히 웃고 있는 사람들에게 미소를 지을 것이다. 당신이 직원들을 얼마나 소중히 여기는지 알고 싶은가? 그렇다면 먼저 직원들의 얼굴에 얼마나 웃음이 많은지부터 살펴보라.

17 종무파티로 연말에 추억을 만든다

2012년 12월의 마지막 날.

에브리온TV 사무실에서는 종무파티가 한창이었다. '종무식'이라 하지 않고 '종무파티'라고 하는 이유는 그날 진짜로 파티를 했기 때문이다.

실제로 우리는 치킨, 피자, 맥주와 같은 먹을거리를 잔뜩 준비하고 우리만의 시상식까지 준비했다. 연말에 영화배우나 가수들만 시상식을 가지란 법 있나?

우리 직원들 역시 텔레비전에 나오는 연말 시상식 못지않은 화려한 시상식을 준비했다. 일반적인 기업의 종무식은 그저 지난 1년을 마감하고 그간의 노고를 치하하는 정도로 끝내지만, 우리의 종무파티에는 특별한 이벤트가 함께했다. 뿐만 아니라 그동안 틈틈이 찍어 놓았던 1년간의 사진을 모아 슬라이드로 구성해 함께 시청하기도 하였다. 감성을 자극하는 음악과 함께 1년간의 추억을 되새기니 감회가 새로웠다.

우리가 준비한 연말 파티 시상식은 한 해 동안 고생한 모든 직원들을 위한 것이었다. 한 명 한 명에게 금박이 떡하니 박혀 있는 화려한 상장과 함께 연말 보너스가 담긴 두둑한 봉투가 증정되었다. 이날의 상장 역시 직원들이 직접 만들었는데 그 문구가 배꼽을 부여잡을 만큼 재미있었다(138쪽 참고).

직원들은 회사의 대표인 나에게도 이와 같은 상을 수여해주었다. 우리 직원들의 아부로 가득 찬, '이젠 내 세상'이라는 이름의 상은 CEO가 받는 그 어떤 명예로운 상보다도 소중하고 자랑스럽게 느껴졌다(140쪽 참고).

사실 상장을 만들자는 것은 내 아이디어였지만, 우리 회사의 막내 직원이 재미있는 글귀를 넣자고 하면서 이렇게 센스가 넘치고 재치로 가득한 상장이 탄생했던 것이다.

여담으로, 막내 사원이 소속되어 있는 팀의 팀장이 받기로 되어 있었던 상장 문구가 유독 진지해 모두 의문을 제기했었단다. 알고 보니 팀장의 무언의 압력이 있었다고. 그래서 반려시키고 다시 작성했다고 한다. 그날 우리는 이런 후일담과 함께 1년간 있었던 소중한 추억을 함께 나누며 뜻깊은 시간을 보냈다. 그냥 별 의미 없이 지

∾ 인생무상 ∾

평소 귀하는 도인 같은 용모를 비롯하여 출근 시간에 연연하지 않고, 지각을 일삼으며, 회사에서 게임을 즐겨하는, 인생을 초월한 듯한 모습을 보여 여러 직원에게 귀감이 되었으므로 이 상장을 수여합니다.

∾ 유민상 ∾

귀하는 평소 힘든 업무에도 불구하고, 간식 테이블을 부지런히 오고 가며 회사의 간식 먹기를 게을리하지 않아 회사 간식 구매 비용 증가에 큰 공을 세웠으므로 이 상을 수여합니다.

∾ 파리 크로와상 ∾

귀하는 부드러운 외모와 목소리뿐 아니라 실내에서도 목도리를 착용하는 행동으로 부드러운 이미지를 한층 부각시키기 위해 노력하였으므로 이 상을 수여합니다.

∾ 갸루상 ∾

귀하는 여성임에도 불구하고 평소 생얼로 출근하며 외모를 가꾸기보다 일에 몰두하는 모습을 보여 타의 귀감이 되었으나, 이제는 자신의 외모 또한 소홀히 하지 말라는 의미로 이 상을 수여합니다.

나갈 수도 있는 종무식이지만 이렇게 소소한 이야깃거리 덕분에 우리만의 추억거리가 생긴 것이다.

나는 '유머야말로 가장 좋은 커뮤니케이션 무기'라는 신념을 가지고 있다. 딱딱하고 무거운 미팅 자리에서도 유머는 상대방의 마음을 열게 하고, 지루한 일상에도 활력을 불어넣는다. 그렇지만 안타깝게도 내 유머감각은 그다지 좋지 않다. 솔직히 나는 '썰렁한 사람'에 더 가깝다.

하지만 나는 웃는 것만큼은 누구보다 잘한다. 직원들의 작은 농담에도 눈물까지 흘리며 껄껄대고 웃는다. 일부러 연기를 하는 것이 아니다. 원래 내가 웃음이 많은 데다, 이상하게 우리 직원들이 하는 유머는 특히나 재미있다(역시 팔은 안으로 굽는 모양이다).

사실 부하직원 입장에서 상사에게 농담을 던지기란 결코 쉬운 일이 아닐 것이다. 차라리 상사가 부하직원에게 농담을 하는 편이 훨씬 편하리라. 그런데 어찌된 일인지 우리나라의 관리자들은 대부분 웃기는 재주가 별로 없는 것 같다. 그러니 그냥 가만히 내버려두면 회사 분위기가 딱딱해지기 십상이다.

이때 리더는 팀원들이 유머감각을 발휘할 수 있도록 포문을 열어줘야 한다. 혹시 자신의 농담에 냉담해할 부하직원의 반응이 두려운가? 그렇다면 분위기는 절대로 좋아질 수 없다. 썰렁하면 어떤가? 프로 개그맨들도 가끔 웃지 않는 관객들 때문에 민망해하면서 '자폭 개그'로 관중들의 웃음을 유발하지 않던가?

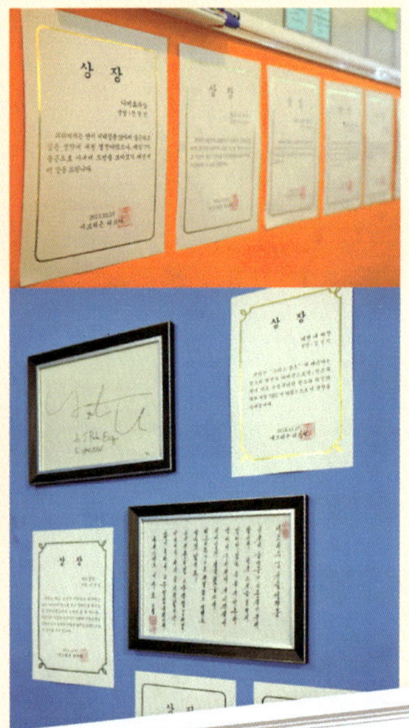

우리는 종무식 대신 우리만의 파티를 즐긴
다. 일터는 단지 성과를 만드는 곳이 아니라,
함께 추억을 쌓는 곳이기 때문이다.

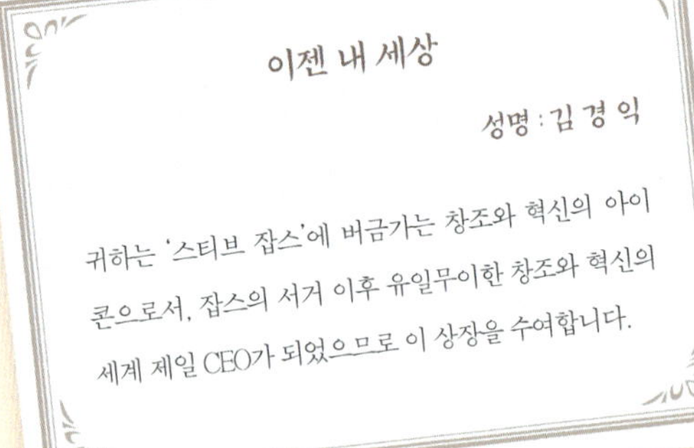

※ 나에겐 너무 과분한 문구지만, 직원들
이 나를 편하게 생각하고 존경하는 마음
에서 내린 상이니, 독자 분들이 너그럽게
이해해주시길 바란다.

경영자라면 자기가 먼저 썰렁한 농담이라도 던지면서 재미있는 상황을 만들어보려고 노력할 줄 알아야 한다. 그리고 어느 조직에나 특히 유머감각이 뛰어난 직원이 한 사람씩 있기 마련이다. 따라서 리더가 멍석만 살짝 깔아놓으면 유머가 넘치는 사무실은 자연스럽게 완성된다. 웃음이 넘치는 사무실을 만들고 싶다면 당신 자신부터 먼저 '웃기는 리더'가 되라.

18
체조와 청소로
다 같이 아침을 시작한다

한번은 택시를 탔는데 유난히 혈색이 좋은 운전기사를 만나게 되어 그 비결을 물어보았다. 그런데 그분 말씀이 '중국 건강 도인술' 덕분이란다.

그날 바로 나는 박 본부장에게 아침마다 전 직원이 건강 도인술을 하면 좋겠다고 말했다. 박수를 50번 정도 치고 난 후, 손바닥을 10초간 비벼 열을 내고, 또 10초간 눈에 가져다 대는 다소 우스꽝스럽고 기이한 모양새의 체조를 하라는 지시는 실로 난감했을 것이다. 하지만 내가 그것을 굳이 하라고 한 이유는 따로 있었다.

우선 다 같이 체조를 하면 5분도 채 되지 않은 짧은 시간이지만 서로의 얼굴을 보며 하루를 시작할 수 있고, 활기찬 아침을 여는 데

에도 도움이 된다. 또, 건강에 엄청난 영향을 주지는 않는다 해도 최
소한 아무것도 안 하는 것보다는 나으리라.

어떤 사소한 일도 '매일' 하면 인생에 큰 영향을 미친다. 나는
아침마다 다 함께 박자에 맞춰 박수를 치는 행위가 '직원들의 혈액
순환'과 더불어 '조직의 화합'이라는 화학 작용도 불러일으킬 거라
고 확신했다.

그 이후로 모든 직원은 지금까지 아침 9시마다 중국 건강 도인
술을 비롯해 간단한 체조를 한다. 당연히 처음엔 '손발이 오그라들'
정도로 어색해했다. 특히 새로 입사하는 직원의 첫 출근 날 아침에
는 그 어색함이 더 했다고 한다. 하지만 몇 개월이 지난 지금은 아주
일상적인, 우리만의 '아침 의식(?)'이 되었다.

나는 아침에 꼭 전 직원이 함께 체조를 해야 한다고 주장하는
게 아니다. 사실 '체조를 하느냐 하지 않느냐'가 기업의 성패를 좌우
하지는 않는다. 하지만 거의 매일 의자에 앉아 모니터만 바라보고
있어야 하는 직원들이 하루에 단 5분이라도 스트레칭을 하고, 서로
얼굴을 보며 웃을 수 있는 시간이 필요하다고 생각하는 건 중요하
다. 말로만 직원들이 건강하길 바란다고 하는 것과 이렇게 실제로
실천하게 만드는 것은 분명 큰 차이가 있다. 그리고 이제는 나의 이
런 뜻을 직원들도 잘 이해하는 듯하다.

우리 회사에서는 정확히 아침 9시가 되면 '체조 담당 직원'이
"체조하시지요!"라고 외친다. 그렇게 우리의 아침이 막을 올린다.

둥그렇게 모여 체조를 하면서 우리는 다른 사람의 얼굴을 살펴본다. 서로 안부를 묻기도 하고, 서로의 표정과 함께 체조 동작을 보면서 동료의 컨디션도 살필 수 있다.

게다가 체조 후에는 직원 모두 청소를 해야 한다. 따라서 체조와 청소는 그날 업무 시작을 알리는 신호탄과도 같다. 사실 많은 직장인들이 공감하겠지만 출근 후 업무에 집중하는 데에는 약간의 시간이 걸리기 마련이다. 그런데 이렇게 다 같이 업무의 시작 시간을 정확히 맞추면 업무 시간을 좀 더 효율적으로 활용할 수 있다는 장점이 있다. 그 시간이 되면 정신이 깨일 수밖에 없고, 자리로 돌아와서는 바로 집중할 수 있기 때문이다.

게다가 정확한 시간에 모두 모여 체조를 하다 보니 지각자도 점점 사라졌다. 누가 강요한 것은 아니지만 체조를 할 때마다 누가 있고 없는지가 노골적으로 드러나기 때문이리라.

또, 체조 후에는 모두가 청소를 하기 때문에 '지각은 곧 민폐'라는 인식이 자연스럽게 형성되었다. 지각을 하는 순간 상사의 눈치뿐 아니라 동료의 눈치까지 봐야 하니 아침마다 출근을 서두를 수밖에 없을 것이다.

사실 직원들이 직접 청소를 하는 것은 어떤 측면에서는 인력 낭비일 수도 있다. 하지만 가끔이 아니라 매일 하므로 하루 중 5분에서 10분 정도만 할애하면 된다. 따라서 업무 시간에 큰 방해가 되는 수준은 아니다. 또, 사무실을 어지르면 결국 본인이 직접 청소를 해야 하기 때문에 공간을 지저분하게 쓰는 사람도 사라지게 된다.

체조를 하고 청소를 하는 일은 분명 처음에는 적응하기 힘들었을 것이다. 하지만 하루도 빼놓지 않고 매일매일 하다 보니 어느덧 자연스러운 일상이 되어버렸고, 이렇게 여러 가지 효과까지 낳았다. 아침 체조와 청소 문화는 아무리 사소한 행동도 '습관화'되면 기업 체질까지 바꿀 수 있음을 잘 보여주는 사례라고 할 수 있다.

19
주 업무 외 30가지 일에는 각각 담당이 있다

에브리온TV에는 출근부터 퇴근까지 직원들 각자 맡고 있는 일이 업무 외 총 30가지가 있다.

먼저 아침 체조로 하루를 열고, 같이 사무실 청소를 하며, 음악 담당자가 음악을 튼다. 그러면 누군가는 냉장고에 음료수와 커피, 먹거리를 가득 채우며, 누군가는 빵과 우유 및 간식거리를 챙긴다. 그리고 매주 금요일에는 파티를 준비해야 한다.

이처럼 귀찮게 느껴질 수 있는 이 업무 하나하나가 우리의 기업문화를 형성하고 있다. 나는 이것이야말로 에브리온TV가 가진 훌륭한 콘텐츠라고 생각한다. 그 하나하나는 매우 작은 일이지만 우리 모두가 각자의 소임을 다하고 나면 그로부터 훌륭한 문화가

• 에브리온TV 30가지 업무 담당 •

01. 행복 매니저
02. 고민 상담
03. 개인 PC 를 포함한 회사 시스템 관리
04. 윈도우 매니저(창문 청결 관리)
05. 프린터 매니저(프린터 및 팩스기 관리)
06. 웰커머(입사자 관리)
07. 장의사(퇴사자 관리)
08. 사무실 청소 감독
09. 카페 매니저(카페테리아 중앙 공간 관리)
10. 포토 디렉터(특별행사 및 일상 속 사원들의 모습 담기)
11. 에듀 매니저(새로 나온 서비스나 IT기기 정보 공유)
12. 클라우드 오피스 관리(구글 드라이브를 통한 업무 공유 관리)
13. 미디어 월 매니저
14. 외부 교육 정보 공유
15. 징계 반장
16. 미디어월 주변 청결 관리
17. 엔터테인먼트 매니저(MT 기획)
18. 수퍼바이저(직원들 역할 및 청결 상태 총괄)
19. 엔터테인먼트 서브 매니저(각종 놀이 책임자)
20. 베란다 매니저(베란다 공간 청결 관리)
21. 헬스 매니저(아침 체조 주도)
22. 카페테리아 사이드 공간 관리(냉장고, 정수기 등)
23. 푸드 매니저(간식 공급 담당)
24. 싱크파티 때 일용할 치킨 공급
25. 코스트 매니저(에브리온TV 돈줄 관리)
26. 파이팅 매니저
27. 분리수거함 청결 관리
28. 테이블 세팅 매니저
29. 화이트 보드 매니저(보드에 직원들 외근 및 휴가 일정 공유)
30. 비디오 매니저(요새 제일 인기 많은 동영상 공유)

파생되며, 공동체 의식이 생겨난다.

30가지 업무의 담당자를 어떻게 뽑는지 궁금해하는 분들을 종종 보는데, 우아한형제들뿐 아니라 우리를 벤치마킹한 어떤 회사에서는 제비뽑기로 담당자를 정한다고 한다. 제비뽑기와 같은 방식은 운에 기대야 하니 재미도 있고, 모든 일을 어느 정도 공평하게 돌아가면서 맡게 된다는 장점도 분명 있을 것이다.

하지만 우리는 담당자가 고정되어 있다. 담당이 계속 바뀌면 관리자 입장에서는 해당 영역의 담당자가 누구인지 헷갈릴 수밖에 없고, 결국 관리가 소홀해지기 때문이다. 전구를 교체해야 할 때는 누구, 음료수가 부족할 때는 누구, 음악이 들리지 않을 때는 누구, 이런 식으로 담당자가 확정되면 관리도 쉬워질 뿐 아니라 해당 담당자도 그 분야에 전문가(?)가 될 수 있다.

하지만 일방적인 상명하복(上命下服)에는 당연히 문제가 따를 수밖에 없기에 리더는 지시를 따르는 직원이 수긍할 수 있도록 잘 설득해야 한다. 예를 들어 사람들이 잘 활용하지 않는 책장을 정리하는 일을 맡은 직원과 매일 냉장고에 음료를 채워 넣어야 하는 일을 맡은 직원 중 불만이 더 생길 수 있는 사람은 누굴까? 당연히 제대로 안 했을 때 한눈에 티가 나는 후자일 것이다.

그런 것까지 일일이 신경을 쓰는 게 시간 낭비라 생각된다면 바로 그런 마인드가 '신뢰의 마법'을 가로막는 가장 큰 원인임을 명심해야 한다. 서로 다른 환경에서 자란 사람들이 만나 한 팀이 되어 마음을 나누며 공동체를 이루고 살아가기 위해서는 아주 사소한 문제도 진지하게 받아들이고 상대의 입장에서 생각해볼 수 있는 역지사지의 자세가 반드시 필요하기 때문이다.

특히 작은 회사에서는 사람들끼리 서로 부딪히는 빈도수가 더 많을 수밖에 없기에 리더는 '왜 이렇게 말들이 많아. 그냥 하면 되지.'라는 생각에서 벗어나 '나라도 그랬을 거야. 하지만 이렇게 잘 말해주면 저 직원도 날 믿어주겠지.'라고 생각할 수 있는 그릇이 필요하다. 그리고 지금까지 내가 먼저 마음을 열고 다가갔을 때에도 매몰차게 돌아서는 직원은 한 번도 보지 못했다.

지시를 할 때도 마찬가지이다. "지금 당장 커피 좀 타오게나."라고 하는 것과 "지금 손님과 중요한 얘기를 나눠야 하니, 바쁘겠지만 커피 좀 준비해주게."라고 하는 것은 팔로워 입장에서 다르게 들릴 수밖에 없다.

업무 외 30가지 일이 정착되고 받아들여지기까지는 시간이 꽤 걸렸다. 그 과정에서 '내가 왜 이런 것까지 신경 써야 하나?' 하면서 답답하고 초조한 마음이 들었던 것도 사실이다. 하지만 리더는 반드시 직원들이 잘해낼 때까지 인내심을 갖고 기다릴 줄 알아야 한다. 그리고 그것이 잘 이행될 때까지 끊임없이 설득하고 이해하고 옳은 방향으로 이끌어줘야 한다. 단, 주의해야 할 것은 결코 화를 내고 다그치거나 감시해서는 안 된다는 것이다.

사실 30가지 일 중에는 '나머지 29가지 일을 관리하는 일'도 있었다. 그런데 그 일을 맡은 담당자가 관리를 소홀히 하는 바람에 우리는 또 그 직원을 관리하는 담당자를 정해야 했다. 하지만 곧 그것을 철회했다.

그렇다. 감시하기 시작하면 끝도 없다. 어느 순간 회사에 규정이나 원칙이 남발하면 경영자는 그것을 신뢰체계가 무너지고 있다는 경고신호로 받아들여야 한다. 사람은 절대 규칙만으로 움직이지 않는다. 그리고 여러 명의 사람이 함께 부딪히고 지내야 하는 조직에서 리더의 지시가 단번에 실행되는 것도 어려운 일이다. 그래서 리더에게는 항상 기다림이 필요하다.

상대를 믿는다면 그가 이해할 수 없는 행동을 했을 때 무조건 다그치기보다 '저 사람이 그랬다면 무슨 사정이 있었겠지'라고 생각하고 그 이유부터 묻는 게 맞다. 내 경험상 부하직원이 상사의 지시를 따르지 않았을 때는 '지시를 잊었거나', '더 중요한 다른 일이 있거나', '그것을 해야 하는 이유가 납득이 안 가거나', '어떻게 해야 할지 모르는 경우', 이렇게 네 가지로 압축된다.

단순히 지시를 잊은 경우에는 다시 한 번 상기시켜주면 되고, 더 중요한 일이 있었다면 이해해주면 된다. 이유를 모르겠다고 하면 설득하면 되고, 방법을 모르겠다고 하면 방향을 제시해주면 된다. 특히 부하직원이 방법을 몰라 이행하지 못한 경우, 질책만 하고 방안을 제시해주지 않는 리더도 많다. 이는 엄밀히 말해 본인도 하지 못할 일을 부하직원에게 떠넘기는 꼴이다. 그리고 부하직원도 그 점을 잘 알고 있기에 당신에 대한 신뢰가 깨지고 점점 더 방어적으로 나올 수밖에 없다.

그리고 마지막으로 직원들을 움직이게 하는 가장 효과적인 방법 중 하나는 '솔선수범'이다. 매일 아침 청소 시간에 박 본부장은 이른바 '사각지대'를 발견하는 데 주력한다. 그리고 창고가 지저분하면 담당자를 불러 "왜 청소를 제대로 하지 않았어?"라고 다그치는 대신 본인이 창고 정리를 시작한다고 한다.

그러면 어떻게 될까? 상사가 먼저 나서서 청소를 하면 나머지 직원들은 어쩔 수 없이 따른다. 그렇기에 나는 리더의 솔선수범은 곧 '무언의 지시'와 같다고 생각한다.

그까짓 청소 얘기를 왜 이렇게까지 장황하게 늘어놓고 있는지 이해가 안 간다면 그것이야말로 경영을 제대로 이해하지 못하고 있다는 증거다. 기업에서 우리가 경험하고 늘 부딪히는 것은 결국 '사람의 문제'다. 아무리 작은 일도 회사에서는 즉시 처리되어야만 하며, 그 작은 것들을 완벽하게 처리하는 기업이 결국 시장에서도 승리한다. 조금 과장해서 말하면 사무실이 늘 지저분한 회사는 성공하기 어렵다고도 볼 수 있는 것이다.

사실 직원들이 직접 청소를 하지 않아도 될 만큼의 자본을 가진 회사에서는 직원들이 아침마다 청소를 하는 광경이 이색적으로 느껴질지도 모르겠다. 반면에 목소리가 큰 사람을 직원으로 채용하고, 선풍기에 이름을 적은 종이를 바람에 날려 복불복으로 승진자를 결정하는 일본의 미라이공업과 비교하면, 지금 이 책에서 다루고 있는 얘기는 크게 흥미를 끌 만한 일이 아닐 수도 있다.

그러나 문을 연 지 얼마 되지 않은 작은 회사에서는 청소 담당자를 세팅하는 일도 쉽지 않다. 그런 일을 좋아서 하는 사람은 거의 없기 때문이다. 사실 내가 일하는 공간에 쓰레기가 있으면 그것을 치우는 건 너무나 당연하지만, 참 아이러니하게도 그 당연한 일이 제대로 이루어지지 않는 곳이 회사이기도 하다. 신뢰가 제대로 정착되지 않고, '누군가가 하겠지'라는 인식이 이미 팽배한 조직에서는 그 작은 일을 하려는 사람마저 존재하지 않는 법이다.

사무실을 깨끗이 하고, 쓰레기를 보면 바로 주워서 버릴 수 있는 직원들로 가득한 회사는 성공할 수밖에 없다. 그리고 직원들이 그렇게 하도록 만드는 것은 명령이 아니라 직원에 대한 배려와 신뢰, 그리고 솔선수범임을 반드시 명심하자.

20
회사 통장을 보여주고
목표를 공유한다

　　에브리온TV는 회사 설립과 동시에 자본금 30억 원이 입금된 통장을 사진으로 찍어 전 직원과 공유했다. 직원들을 사업 파트너로 생각하는 내 마음을 표현하고 싶었기 때문이다.

　　생각해보라. 사장이 막연히 "저는 여러분이 잘되기를 바랍니다." 혹은 "여러분은 회사의 발전에 꼭 필요한 사람입니다."라고 말하는 것은 힘이 없다. 경영자의 마음을, 그리고 회사의 철학을 직원들에게 전달하기 위해서는 언제나 구체적이고 실질적인, '눈에 보이는 무언가'가 필요하다. 나 역시 지금까지 회사를 운영하면서 '시각화'만큼 강력한 방법은 없다는 사실을 늘 절감했다.

　　지금은 다들 신용카드나 체크카드를 들고 다니기 때문에 통장

관리를 잘하지도 않을뿐더러 통장이 무용지물처럼 되기도 했지만, 여전히 "저는 저축을 잘하는 사람입니다."라고 말로 떠드는 사람보다 입금내역이 빽빽이 적힌 적금통장 여러 개를 보여주는 사람에게 신뢰가 가는 것은 어쩔 수 없다. 아직도 '통장'이라는 것은 부와 끈기의 상징으로 통한다.

여전히 많은 직장인들이 재테크에 실패하는 이유 중 하나는 자신의 수입과 지출내역을 정확히 파악하고 있지도 않을뿐더러, 관심조차 없기 때문이다. 통장 내역을 꾸준히, 그리고 상세히 보면서 소비 조절을 하는 사람과 내가 한 달에 무슨 항목에 얼마를 쓰는지도 모르고 무작정 카드를 긁는 사람의 삶은 당연히 다를 수밖에 없다.

회사 통장을 직접 보는 것도 마찬가지이다. 실제로 회사 통장을 본 적이 있는 직장인은 드물 것이다. 그러나 통장에 입금되어 있는 돈이 조금씩 줄어들고 결국엔 완전히 바닥이 날 수도 있다는 것을 눈으로 직접 확인하면, 직원들 본인도 경각심을 느끼게 되고 그때부터 태도도 달라지기 시작한다. 이는 회사의 돈을 자신의 돈처럼 생각하게 만드는 데 매우 적합한 조치임에 틀림없다.

사실 일이 많거나 고될 경우, 인력을 충원해 그 일을 좀 덜었으면 하는 게 직원들의 마음일 것이다. 하지만 우리 직원들은 구성원이 늘면 통장의 잔고 또한 빨리 줄어든다는 것을 잘 알고 있다 보니 다른 회사에서는 보기 힘든 일이 일어나기도 한다. 내가 추가 인력을 채용하겠다는 뜻을 밝혔을 때 반대 입장을 표명한 사람들은, 놀

우리는 전 직원 모두 회사의 목표와 자금 상황을 확실히 알고 있다. 그리하여 '회사 돈은 곧 내 돈'이라는 마인드가 말단 사원에게까지 뿌리 깊게 박혀 있다.

랍게도 직원들이었다.

초기 자본금이 입금된 통장을 공개한 후부터 우리는 매월 5일에 진행되는 월간 회의에서 통장 잔고를 공유하고 있다. 지난달 매출이 얼마였고 얼마의 비용이 소요되었는지 전 직원이 공유하는 것이다. 이 자리에서 회사 창립 이후 매출이 꾸준히 오르고 있다는 사실을 눈으로 직접 확인함으로써 직원들에게 자긍심을 심어줄 수 있었다.

여기서 회의 때 '전 직원'이 모인다는 사실이 매우 중요하다. 보통 월간회의 때는 관리자만 모이는 경우가 많지만, 우리 회사에서는 프로그래머, 디자이너, 기획자, 서비스 운영자, 갓 들어온 신입사원까지 모두 모여 이날만큼은 우리가 얼마를 벌고 얼마를 지출해서 얼마의 돈이 통장에 남았는지를 다 함께 확인한다.

물론 전 직원이 스무 명도 채 안 되는 작은 회사이기에 가능한 일일 것이다. 어쨌든 중요한 건 모든 직원이 적어도 우리 회사의 통장에 얼마가 남아 있는지는 잘 알고 있다는 사실이다. 따라서 디자인을 할 때도, 프로그래밍을 할 때도, 기획을 할 때도 비용을 늘 염두에 두기 때문에 회사의 돈을 아끼는 문화가 자연스럽게 정착될 수 있었다.

사장은 늘 직원들이 회사의 돈을 함부로 쓰고, 비용에 대한 개념이 없다고 한탄한다. 하지만 직원 탓을 하고 있을 게 아니라 어떻게 하면 직원들이 비용을 인식시킬 수 있을지 고민하는 것이 경영자의 역할이라 생각한다.

그리고 나는 이 정도는 해야 제대로 된 정보 공유가 이뤄진다고 생각한다. 회사의 가치를 결정하는 주체는 결국 직원들이다. 서로의 역할에 최선을 다하면서 거짓말하지 않고 기본을 지키는 것, 이것이야말로 회사와 직원이 함께 성장하는 길이 아닐까.

에브리온TV의 모든 책상에는 우리의 목표를 적어놓은 표가 붙어 있다. 그러다 보니 에브리온TV의 구성원들은 개발자, 디자이너, 마케터 등 너 나 할 것 없이 모두 다 회사의 월별 목표 매출과 목표 트래픽을 잘 알고 있다.

기업의 가장 중요한 목적이 수익을 창출하는 일인 만큼 마케팅을 하는 부서이건, 기술 개발을 하는 부서이건 수익 창출을 공동의 목표로 삼아야 하는 것은 당연한 일이다. 하지만 대부분의 직장인들은 우리 회사의 수입 규모가 얼마이고 지출 규모는 얼마인지에 대해서는 별 관심이 없다. 오직 자신이 응당히 받아야 할 대가(연봉)에만 집중할 뿐. 하지만 직원들의 입장에 서서 생각하면 보다 많은 연봉을 챙기고 좀 더 적은 노력과 시간을 들여 일하는 것이 당연히 이상적이다.

사실 에브리온TV는 아직은 신생 회사이므로 매출보다는 투자 비용이 더 많다. 그러나 이런 고민을 나 혼자 안고 있지 않아 내 마음은 항상 든든하다. 직원들 역시 잔고가 줄어들 때마다 자기 일처럼 걱정하기 때문이다.

즉, 우리 직원들은 '우리의 몫'이 곧 '자신의 몫'이라는 것을 너무나 잘 알고 있다. 회사의 잔고가 늘어야만 내 몫도 많아진다는 것, 그리고 우리의 목표를 달성해야 자신도 날마다 성장할 수 있다는 사실 또한 잘 알고 있다.

나는 직원들이 하루하루 발전하고 더 큰 세상을 느끼면서 궁극적으로는 그 기쁨을 주변 사람들과 나눌 수 있게 되기를 간절히 희망한다. 오늘 행복한 사람이 내일도 모레도 행복할 수 있으며, 행복을 느낄 줄 아는 사람만이 다른 사람에게도 베풀 수 있기 때문이다.

21
비주얼 플랜으로
일정 문제를 해결한다

대부분의 사장들은 '우리 직원들은 왜 이렇게 실행이 느릴까?', '왜 항상 시간에 쫓겨 겨우겨우 업무 처리를 하는 걸까?'를 고민한다. 에브리온TV 창업 초기에 나 역시 조직이 느린 속도로 움직이는 것에 대해 걱정이 많았다.

그러던 어느 날 NC소프트가 인수한 '엔트리브소프트'라는 게임전문 회사에서 색색의 포스트잇이 다닥다닥 붙어 있는 일정표를 보게 되었다. 김준영 대표에게 그것이 뭔지 묻자, '일정 관리를 위한 제도'란다. 그리고 이를 도입한 후 일처리가 훨씬 빨라진 것은 물론 야근도 크게 줄었다고 했다.

당시 기업의 실행력과 업무 효율성 등에 대해 고민이 많았던

터라 그 일정표에 큰 관심이 갈 수밖에 없었다.

사실 그때만 해도 이것을 우리 회사에도 도입하면 어떨까 고민만 하고 있었는데, 몇 달 후 다른 게임회사에서도 엔트리브소프트에서 봤던 일정표와 똑같은 것을 발견하였다. 나는 그제야 이 일정표가 어느 회사에서나 손쉽게 쓸 수 있는 기업의 시스템이라는 것을 깨달았다. 그래서 그 게임회사에 있던 일정표를 사진으로 찍어 박성현 본부장에게 보내주었고, 본부장은 결국 우리 회사의 현실에 꼭 맞는 일정 시스템을 만들어냈다.

물론 처음에는 기대처럼 효율이 나지 않았다. 그러나 나는 우리가 이를 잘 개선한다면 업무의 효율부터 커뮤니케이션, 신뢰의 문화까지 모두 창출할 수 있을 거라는 확신이 있었다. 그래서 포기하지 않고 수정을 거듭하게 했다. 그렇게 가로 · 세로 형식 및 내용을 6차례 정도 수정한 끝에 우리만의 일정 조율 시스템이 완성되었다. 신입사원에서부터 CEO까지 모두 동일하게 회사의 업무 진행 현황을 공유하는, 그야말로 '업무의 혁신'을 이룬 것이다.

흔히 일정표라고 하면 상사에게 보이기 위한 형식적인 것을 생각하지만 우리의 일정표는 진실로 일의 효율성을 높여준다. 그리고 우리는 이것을 '비주얼 플랜 게시판'이라고 부른다.

비주얼 플랜 게시판 운영 방법은 간단하다. 우선 각 팀별로 처리해야 할 업무를 포스트잇에 적어 '완료', '진행 중', '보류 중'으로 나눈다. 그러면 각 팀이 무슨 일을 하고 있는지 한눈에 알 수 있고,

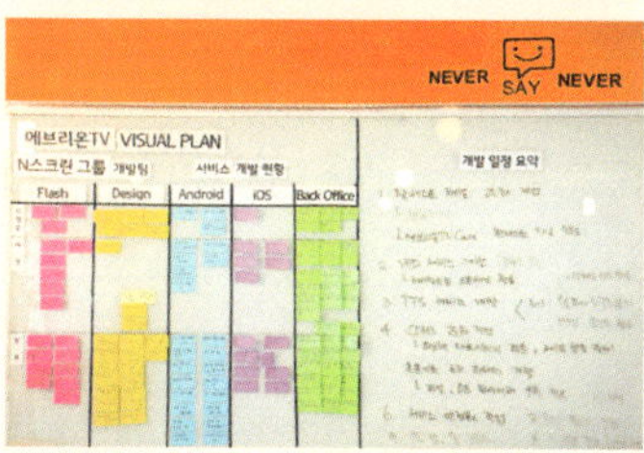

일정관리를 위해 시작한 비주얼 플랜 게시판
은 결국 '신뢰를 만드는 경영 혁신'을 낳았다.

새로운 일이 끼어들면 다른 일은 자연스럽게 뒤로 밀린다.

예를 들어 직원A가 일주일간 야근 없이 할 수 있는 업무의 양이 '업무 1번'부터 '업무 5번'까지 총 5장의 포스트잇이라고 치자. 그런데 갑자기 팀장이 급한 일이 생겼다며 '업무 6번'을 주면서 이번 주 수요일까지 끝내 달라고 부탁한다. 보통의 회사라면 이때 직원A는 그날부터 꼼짝없이 야근을 해야 한다.

하지만 우리 회사는 이런 경우 직원A의 업무 포스트잇 한 장을 '보류 중' 칸으로 옮겨 붙인다. 왜냐하면 새로운 '업무 6번'이 생겼기 때문이다. 그리고 이미 비주얼 플랜 게시판을 통해 직원들이 직원A의 업무 상황을 알고 있기 때문에 이렇게 일이 뒤로 밀린다고 해서 불만을 표하는 사람도 없다.

이처럼 새로운 일이 생겨도 어느 한 사람의 희생을 강요하는 일이 없으므로 새 일거리 때문에 동료나 상사와 신경전을 벌일 일도 없다.

> "개발자들은 공감할 거예요. 업무 특성상 잘될 때는 쭉쭉 풀리는데 안 되기 시작하면 진짜 쉬운 일인데도 하루를 꼬박 버리거든요. 그런데 우리 회사는 시간이 조금 걸리더라도 더 좋은 방법을 찾을 수 있게 해줘요. 그래서 초조해할 필요가 없어 만족스럽습니다."
>
> **– N스크린전문가그룹 황선원 과장**

'이거 너무 직원들한테만 좋은 일 아닌가?' 하는 사장님이 계실지도 모르겠다. 하지만 각자에게 해야 할 일을 정확히 명시해주고 충분한 시간까지 주면 오히려 생산성이 늘어나 결국 회사에도 이득이 된다.

언제 끝날지 모르는 일은 지겹고 힘겨울 수밖에 없지만, 힘들어도 끝이 보이고 그 끝에 휴식이 있다는 것을 약속받는다면, 그것을 빨리 해치워야겠다는 생각에 더 열심히 하게 된다. 그리고 업무마다 시간이 알맞게 할당되므로, 담당 직원은 높은 완성도를 보여줘야 한다는 약간의 부담감을 가질 수밖에 없다. 또, 각자 해야 할 일을 전 직원 모두가 잘 알고 있어 게으름을 피우기도 어렵다.

이렇게 일정이 상황에 맞춰 저절로 조율되다 보니 본인이나 자신이 속한 팀이 일을 더 하게 될지도 모른다는 불안감에 새로운 일을 회피하는 직원도 없다. 그리고 단지 해야 할 일이 많다는 이유로 계속해서 야근을 하는 직원도, 일정 때문에 부서 간 언성을 높이는 일도 없다.

우리는 구글 클라우드 오피스 시스템을 활용한 공유 인트라넷으로도 비주얼 플랜을 공유하고 있어 실시간으로 서로에 대한 업무 정보를 주고받는다. '갑자기 급한 일이 생겨 오늘 해야 할 일을 하지 못했다면 그 일은 내일 하면 된다'는 약속은 직원들의 개인시간을 보장해주고, 관리자가 업무 진행 상황을 정확히 파악할 수 있게 해준다. 결과적으로 이 방식은 모두가 윈윈하는 '경영 혁신'의 한 방법이라 할 수 있다.

부하직원의 불안함을 최대한 덜어준다

●● 사진을 보는 순간 '또 올 것이 왔구나!'라는 생각에 속으로 깊은 한숨을 내쉬었다. 의장님이 나에게 보여준 사진 속에는 한 게임 회사의 벽면에 붙은, 각각의 개발 스케줄이 프로젝트 단위로 기재된 일정표가 있었다.

나는 "이것이 우리의 일정 문제를 해결해주는 데 있어 아주 혁신적인 방식이다."라는 의장님의 말씀에 50퍼센트 정도만 설득당했다. 하지만 앞서 말한 '50퍼센트 법칙'에 따라 그분이 기대했던 것보다 더 좋은 결과를 만들어낼 수 있도록 곧바로 행동에 옮겼다.

먼저, 개발자들에게 그 사진을 보여주면서 우리가 앞으로 해야 할 일이 무엇인지를 설명하고, 색색의 포스트잇을 준비하도록 했다. 그런데 개발자들도 왜 그것을 만들어야 하는지, 어째서 그 게시판이 우리의 서비스 개발 프로세스에 도움이 되는지 등에 대해 회의적인 듯했다. 아마 속으로 '포스트잇 따위를 벽에 붙일 시간에 프로그램 코딩 하나라도 더 하는 게 낫겠다.'라고 생각했으리라. 그들의 표정을 보자, 나는 그들을 설득할 필요가 있음을 깨달았다.

나는 업무를 수행함에 있어서 '효율성'을 가장 중요한 원칙으로 삼는다. 회사에서 일어나는 모든 행위들은 'ROI(Return of Investment)', 즉 '투자 대비 효과가 얼마만큼 있느냐'에 따라 이뤄져야 한다. 따라서 이때 역시 의장님이 지시한 대로 게시판을 만들어 효율적인 결과를 내는 것이 그 무엇보다 중요했다.

그래서 나는 개발자들에게 '업무 강도'를 블록 관리를 통해 없애보자고 설득했다. 그리고 이 설득은 꽤 효과가 있었다. 많은 개발자들이 다음과 같은 일을 숱하게 겪기 때문이다.

A라는 개발자가 일주일간 추가 근무 없이 수행할 수 있는 업무는 5개인데, 갑자기 기획자가 커피 한잔하자고 부르면서 예기치 않았던 일을 던진다. 그때부터 개발자는 '일찍 퇴근하기는 글렀네. 또 여자친구가 화내겠구나.'라고 생각하며 불안해하기 시작한다. 결국 그는 그건 다음 주까지나 가능하니 당신이 원하는 때까지 끝마치는 건 기대도 하지 말라는 식의 방어적인 태도를 보인다. 그리고 결국 기획자와 개발자 간에 한바탕 설전이 오가게 된다.

나는 이런 상황을 예로 들며 개발자들을 설득했고, 그러자 그들은 차츰 따라와주었다. 이로써 업무를 블록 단위로 나누어 새로운 업무의 블록이 추가되면 우선순위에 따라 블록을 재배열하고, 한정된 업무 시간을 넘기게 만드는 블록이 자연스럽게 밀리는 구조를 구축할 수 있었다.

이 일은 부하직원을 설득할 때는 그들이 그 일을 피하는 이유가 무엇인지를 정확히 파악해야 한다는 점, 그리고 일을 처리하는 방식을 혁신하는 것도 회사의 구성원들에게 큰 행복과 즐거움을 줄 수 있다는 점을 깨닫게 해준 커다란 계기가 되었다.

22

회식 대신
매주 금요일 파티를 한다

내가 우리 회사에서 자랑으로 생각하는 것 중 하나는 '회식이 없다'는 것이다. 이게 무슨 뜬금없는 소리냐고 할 수도 있겠다. 그리고 회식이 없으면 너무 삭막하지 않느냐고 묻는 사람도 있을 것이다. 대답은 'No'다.

사실 회식이 전혀 없는 것은 아니다. 대신 우리는 매주 파티를 한다. 혹시 직원들이 회식을 좋아할 거라고 생각하는가? 만약 그렇다면 정말 크나큰 착각을 하고 있는 것이다. 고백하자면 실은 나도 몇 년 전까지 직원들이 회식을 좋아하는 줄만 알았다. 경영자 입장에서 회식은 직원들에게 주는 일종의 보너스이기 때문이다.

직원들이 경영자들의 생각만큼 회식을 좋아하지 않는다는 사실은 박성현 본부장을 통해 알게 되었다. 어느 날 나와 함께했던 저녁식사 자리에서 그가 이렇게 말했던 것이다.

"의장님, 직원들이 회식을 좋아한다고 생각하는 건 세상에 사장님들밖에 없어요. 직원들은 그냥 집에 빨리 가고 싶어 한다고요!"

이 말을 들은 나는 큰 충격을 받았다.

'아니, 회식이 즐겁지 않다고? 그럼 나는 그동안 뭐 때문에 그렇게 큰돈을 쓴 거지?'

사실 회식이 즐겁지 않은 데에는 여러 가지 이유가 있을 것이다. "모두 다 함께 죽자!"를 외치며 계속해서 술을 권하고, 2차, 3차 끝없이 이어지는 회식문화를 좋아할 사람이 몇이나 될까? 무엇보다 회식 자리가 업무의 연장에 불과하다는 사실이 그들이 회식을 기피하는 가장 큰 이유가 아닐까 생각한다.

그렇다면 나를 포함한 회사의 경영자들이 직원들은 회식을 좋아한다고 착각하는 이유는 무엇일까? 그것은 바로 그들이 그 자리를 좋아하기 때문이다. 사장 입장에서는 맛있는 음식과 술이 앞에 놓여 있고, 자신의 말 한마디에 온 신경을 집중해주는 직원들이 함께 있으니 즐겁지 않을 까닭이 없다. 하지만 회식 자리에서 상사가 즐겁다는 것은 곧 부하직원들이 그를 위해 많은 에너지를 쓰고 있다는 증거이기도 하다.

이렇다 보니 회식은 대부분의 직장인들에게 절대 보너스도, 즐거운 시간도 아니다. 빨리 퇴근해서 애인이나 친구, 가족과 함께 시간을 보내거나 침대에 누워 휴식을 취하면서 직장에서 받은 스트레스를 한껏 푸는 것이 그들에게 훨씬 즐거운 일이다. 한마디로 최고의 회식은 '회식을 하지 않는 것'이다.

직원들에게 회식이 별로 즐거운 일이 아니라는 이야기를 듣자마자, 나는 이렇게 선포했다.

"우리 회사는 앞으로 회식을 하지 않겠습니다!"

하지만 그래도 온 직원이 모여 함께 즐거운 시간을 갖는 일만큼은 꼭 하고 싶었다. 이런 연유로 생긴 것이 바로 에브리온TV의 '싱크파티'다. 사실 싱크파티는 우연히 시작된 '치맥파티'로부터 시작되었다.

에브리온TV가 서초동으로 이사한 날, 수고한 직원들을 위해 조촐하게 치킨과 맥주를 먹고 헤어지기로 했다. 그런데 그날따라 회사 주변의 치킨집이 모두 붐볐다. 그래서 하는 수 없이 치킨과 맥주를 사무실로 배달시켰다.

잠시 후, 음식이 배달되고 사무실에 한 상을 떡하니 차리고 보니, 시끄럽고 북적거리는 치킨집보다 카페처럼 아기자기한 우리 사무실이 훨씬 더 나아 보였다. 때마침 누군가가 이런 말을 했다.

"앞으로 계속 이렇게 하면 되겠네."

이 한마디에 모두가 동한 나머지, 우리는 앞으로 매주 금요일마다 이렇게 간단히 치맥파티를 하기로 했다. '불금'마다 파티라니, 그것이야말로 직원들의 마음을 이해하지 못하는 몰상식한 처사가 아

치맥파티에서 테드파티, 싱크파티까지. 어느 직원의 한마디로 우연히 시작된 이 파티는 어느새 에브리온TV만의 전통이 되어 계속 진화하고 있다.

니냐고? 절대 아니다. 왜냐하면 파티가 끝나는 시간은 퇴근 시간을 넘기지 않는 게 원칙이기 때문이다.

그날 이후 우리 회사는 매주 금요일마다 파티가 열리는 회사가 되었다. 그렇게 치맥파티가 한 주, 두 주 이어지자, 이 파티를 더 발전시키는 게 어떻겠냐는 의견이 나오기 시작했다.

그래서 시작된 것이 바로 '테드(TED)파티'이다. 테드는 '널리 퍼져야 할 아이디어(Ideas worth spreading)'를 슬로건으로 삼고 기술, 교육, 정치, 사회, 예술 등 다양한 주제의 강연회를 개최하는 미국의 비영리 재단이다. 주로 10분에서 20분 내외로 짧게 강연을 하는 것이 특징이며, 마이크로소프트 창업자 빌 게이츠, 미국 전 부통령 앨 고어, 미국의 영부인 미셸 오바마 등 세계적 인사들이 참여해 전 세계로부터 주목을 받고 있다.

우리는 테드파티에서 각자 인상 깊게 본 테드 영상을 보면서 간단하게 치킨과 맥주를 즐긴다. 가끔은 술 없이 음료와 다과로 파티를 하기도 하고, 전 세계의 혁신적인 아이디어에 관한 대화를 나누며 유익한 시간을 갖기도 한다. 또, 우리는 테드 영상을 통해 얻은 새로운 아이디어를 회사에 반영하기도 한다. 예를 들어 패스트푸드의 위험성에 관한 영상을 본 이후에는 간식거리 일부를 건강식으로 바꾸기도 했다.

이렇게 장난스럽게(?) 시작된 우리의 금요일 파티는 어느새 에브리온TV만의 전통이 되었다. 그러면서 우리는 이 파티에 제대로 된 이름을 붙여주기로 했다. 그렇게 해서 나온 말이 바로 '싱크파티' 이다.

싱크파티의 '싱크'는 생각한다는 의미를 가진 'think'를 뜻하기도 하지만 동조 혹은 일치라는 뜻의 'sync'를 의미하기도 한다. 지식을 나누면서 구성원 간에 공감대를 만들어가는, 우리의 금요일 파티에 딱 어울리는 멋진 이름이다.

일 년 동안 우리는 싱크파티를 진행하면서 소중한 추억을 쌓았다. 그중 가장 기억에 남는 사건을 꼽으라면 '부산 어묵 파티 사건'을 들고 싶다.

어느 날 점심을 먹고 다 같이 모여 수다를 떨고 있던 중에 직원 중 한 명이 부산에서 어묵을 시켜 먹었는데 그 맛이 서울 어묵과는 달리 끝내줬다는 이야기를 자랑스럽게 했다. 그 말을 들은 직원들은 너도 나도 먹어보고 싶다며 탄성을 질렀다. 나는 직원들의 뜨거운 반응에 힘입어 이번 주 금요일에는 어묵 파티를 하자고 했다.

드디어 금요일이 왔다. 사무실에서는 아침부터 어묵 파티 준비가 한창이었다. 사무실에 누런색 커다란 들통이 등장하고, 요리에

> "술과 회식을 강요하지 않아서 좋습니다. 직원들의 저녁시간을 회사에 반납하라고 강요하지 않아요. 주변 지인들이 회식으로 힘들어하는 걸 보면서 제가 정말 좋은 회사에 다니고 있다는 걸 항상 느낍니다."
>
> — 서비스마케팅팀 탁민희 매니저

능숙한 직원이 집에서 준비해온 파와 무 등을 꺼내 놓기 시작했다. 그리고 국물을 끓이기 시작하는데 김이 펄펄 나면서 온 사무실을 뒤덮고 말았다. 나는 그 광경이 너무 웃겨서 배꼽을 움켜쥐고 웃어버렸다.

저녁이 되어 마침내 다 함께 준비한 어묵을 한입 베어 물었는데, 과연 부산 어묵은 달랐다. 쫄깃한 식감에 시원한 국물, 한마디로 맛이 끝내줬다. 우리는 그렇게 그날의 파티를 즐겁게 마친 후 집으로 돌아갔다.

그런데 며칠 후, 어묵 주문을 담당했던 직원이 내게 다가와 이렇게 말하는 것이다.

"저기, 의장님. 사실은요……. 그거 부산 어묵 아니었어요. 그냥 마트에서 산 거예요."

"뭐, 뭐라고?"

사연은 이랬다. 우리가 신 나게 수다를 떤 날, 부산 어묵을 주문하기로 한 직원이 일이 하도 바빠 어묵 주문을 깜빡한 것이다. 그러자 이를 알게 된 본부장은 그냥 마트에서 어묵을 사와서 나를 속이자고 작당을 했다고 한다. 그것도 모른 채 나는 부산 어묵이라 역시 다르다고 감탄하며 맛있게 먹었던 것이다.

"의장님, 죄송해요."

완벽하게 '낚여버린' 것이 억울했지만 머리를 긁적이며 진실을 고백하는 직원 앞에서 한참을 웃을 수밖에 없었다.

부산 어묵이든, 마트에서 산 어묵이든 그날 내가 먹은 어묵은 여태껏 먹어본 어묵 중에 제일 맛있었다. 그리고 내가 완벽하게 속아준(?) 덕분에 우리 에브리온TV 식구들 모두에게 잊을 수 없는 소중한 추억이 되었으니, 그거면 됐다.

또, 우리는 이 파티에 한 달에 한 번씩 외부 강사를 초청한다. 성공한 사람들과 커뮤니케이션을 하면 그 성공 에너지를 전달받을 수 있다는 생각에서 시작된 것이다.

한번은 직원 한 명이 '친구가 일본에서 건축 일을 하고 있는데 현재 한국에 들어와 있다'고 해 그를 강사로 초청해 싱크파티를 진행했다. 우리 일과는 별 관련 없어 보이는 건축 강의를 듣는다는 것이 조금 생소하지는 않을까 걱정하기도 했지만 결과는 뜻밖이었다.

사람이 살아가는 데 있어 가장 중요한 것을 꼽으라면 '의식주'를 들 수 있다. 건축은 바로 그중에서 '주'에 해당하는 되는 것으로, 이 역시 모든 사람의 관심사임은 분명하다. 집을 짓는 과정에서부터 부동산 경기 전망에 이르기까지, 이에 대한 직원들의 궁금증과 호기심은 대단했고, 그날의 특강은 인기 만점이었다.

그 후로도 우리는 보험왕, 증권사 지점장, 랩퍼 등 다양한 직종의 다양한 강사들을 초청해 새로운 지식을 얻을 수 있는 많은 기회를 누렸다. 그리고 이 파티는(가끔이긴 하지만) 직원들과 파트너사의 자녀까지도 참석하는 가족행사로까지 발전했다. 회식 대신 간단하게 치킨과 맥주를 먹자고 해서 시작한 치맥파티가 이처럼 진화한 것이다.

회사는 단지 밥벌이 장소가 아니라 먹고, 배우고, 교류하는 삶의 터전이다. 요즘 '신의 직장'이라는 단어가 종종 포털 메인 화면을 장식하곤 하는데, 나는 신의 직장이 별거 아니라고 생각한다. 그 안에서 행복을 느끼면서 한 걸음, 한 걸음 성장할 수 있는 회사, 친구들과 신 나게 노는 것처럼 회식이 즐거운 회사, 따뜻한 추억을 만들며 성장할 수 있는 회사, 이런 것이 바로 '신의 직장', 그리고 모두가 원하는 꿈의 직장이 아닐까?

강의, 음악, 아름다운 풍경, 그리고 새로운 진리의 깨달음 등을 통해 마음이 움직이면, 다이돌핀(didorphin)이라는 '감동 호르몬'을 분비시킨다고 한다. '웃음 호르몬'이라 불리는 엔돌핀보다 약 4천 배의 효과를 지니고 있다고 하니, 여러분의 회사에도 에브리온TV의 '싱크파티'를 시행해보길 추천한다.

이렇듯, '리더들은 잘 모르는 직원들의 마음'을 헤아린 결과, 우리는 '직원들 모두가 좋아하는 대체 회식 문화'를 만들어낼 수 있었고, 우리는 회사에서도 불금을 즐길 수 있게 되었다.

23 우리의 버킷 리스트로 함께 꿈을 꾼다

잭 니콜슨과 모건 프리먼이 출연한 영화, 「버킷 리스트」(2007)가 한때 화제를 불러모은 적이 있다. 영화 속에서는 죽음을 얼마 남기지 않은 두 노 신사가 버킷 리스트를 만들고 그것을 실행하며 인생의 의미를 찾아간다. 아프리카 세렝게티에서 사냥하기, 문신하기, 카레이싱, 스카이다이빙 하기 등 일생에 한 번쯤 꿈꾸지만 쉽게 하지 못하는 일들을 실행해나가는 두 주인공의 모습은 보는 것만으로도 무척이나 즐겁다.

'버킷 리스트'라는 말의 어원에 대해서 혹시 알고 있는가? 이 말은 '죽다'라는 뜻을 가진 속어, '킥 더 버킷(kick the bucket)'에서 유래했다고 한다. '버킷'은 양동이라는 뜻으로, 서양에서는 과거에 교수형을 집행하거나 자살할 때 양동이에 올라가 목을 맨 후 양동이를 걷어찼는데, 바로 이런 풍습에서 생겨난 말이라고 한다.

어원이 좀 으스스하긴 하지만 아무튼 이 영화의 성공 이후, 우리나라에서도 '버킷 리스트'는 '죽기 전에 하고 싶은 일들을 적는 리스트'로 널리 쓰이게 되었다.

그러던 어느 날 사무실 인테리어에 참고하려고 들렀던 우아한 형제들 사무실 문 앞에서 우리는 말로만 듣던 버킷 리스트를 발견했다. 그 내용을 읽어보니 참 재미있었다. 그리고 에브리온TV에도 이런 게 있으면 좋겠다고 생각했다.

이를 그냥 생각에만 머무르게 하면 그것은 남의 회사 일일 뿐 나와는 관계 없는 일이 될 것이다. 그래서 우리는 이를 곧바로 실행에 옮겼다. 앞에서도 여러 번 언급했지만 에브리온TV의 가장 큰 장점은 어떤 요청과 지시도 '빠르게 실행한다'는 점이다. 괴짜 같은 리더의 엉뚱한 의견까지 잘 따라주었던 직원들이 없었다면 우리만의 독특한 기업문화는 결코 탄생하지 못했으리라.

이렇게 완성된 우리의 버킷 리스트는 다음 장과 같다(178쪽 참고). 여기서 가장 반응이 좋았던 것은 '100일간 유급휴가 받고 여행 가기'였다. 현실적으로 실행되기 쉽지 않은 바람이지만 직원들에게는 상상만으로 즐거운 일이 아닐까? 내 마음에 쏙 들었던 것은 '전 사 가족 초청 해외여행 가기'였다. 직원들의 가족의 행복 역시 내가 늘 염두에 두는 중요한 요소 중 하나이기 때문이다.

1. 사내 연애로 결혼 성공하기

2. 외국인과 함께 일해보기

3. 해외 지사에서 일해보기

4. 뷔페식 구내식당에서 점심 먹기

5. 지상파 9시 뉴스에 인기 서비스로 소개되기

6. 서비스 채널 수 1,000개 돌파하기

7. 연봉 1억 이상 받아보기

8. 회사 인센티브로 자기 연봉의 2배 받기

9. 연말 보너스로 자동차 선물 받기

10. 사내 휴게실에서 스크린 골프, 당구 치기

11. 인기 아이돌 연예인 광고 모델로 써보기

12. 전사 가족 초청 해외여행 가기

13. 100일간 유급휴가 받고 여행가기

14.《타임》지에 에브리온TV 기획 기사 실어보기

15. 현직 대통령 회사에 초청해 함께 식사하기

16. 코스닥 상장하고 스톡옵션으로 집 사기

17. 프로야구 공식 메인 스폰서 되기

18. 워렌 버핏과 임직원 전체 저녁 식사하기

19. 마카오로 29박 30일 전사 워크숍 가기

20. 애플, 구글 등 해외 유명 회사 10곳 탐방 투어하기

우리의 버킷 리스트는 직원 모두 의견을 낸 후 그중에서 가장 인기가 좋은 20개를 골라서 만들었다. 처음에는 그저 재미로 시작했지만, 쓰고 나니 열심히 노력하면 아주 불가능한 일만은 아니라는 생각이 들었다. 그 이후로 직원들은 저마다의 꿈을 가슴속에 품은 채 출근한다. 이렇게 회사에서 공동의 꿈을 설정하고 함께 앞으로 나아가는 과정은 무척이나 설레고 즐겁다.

버킷 리스트는 현실로 실현되기 힘든, 다소 황당하고 비현실적인 꿈일 수도 있지만 꿈을 가진 자와 그렇지 않은 자가 세상을 살아가는 방식은 분명 다를 것이다. 그리고 꿈이 이루어지는 날을 상상하는 것 역시 즐거운 일이다. 나는 이 버킷 리스트가 직원들로 하여금 긍정적인 생각을 갖게 하는 수단임에 틀림없다고 믿는다.

아쉽게도 2014년 7월 현재까지는 실제로 실현된 사례가 없다. 하지만 이 리스트를 통해 리더는 직원들이 원하는 바를, 직원들 역시 리더가 원하는 바를 알 수 있게 되었으며, 나는 진실로 이 모든 것들이 언젠가 꼭 실현되기를 바란다.

우리가 인생의 목표를 정하고 매출 목표를 정하고 성장을 꿈꾸는 것은 단지 그 목표를 성취하기 위해서만은 아니다. 우리가 인생에서 어떤 바람을 품는 것은 '그것을 꿈꾸는 자신'이 행복하기 때문이다. 딸에게 전하는 어떤 아버지의 조언 중에 '꿈이 없는 남자는 만나지 말라'는 말이 있듯이, 단언컨대 아무런 꿈도 희망도 없는 사람은 매력적이지도 않을뿐더러 남을 행복하게 할 수도 없다.

버킷 리스트 외에도 우리 회사에는 이런저런 리스트가 꽤 많은 편이다. 이렇게 리스트가 많은 이유는 직원들에게 작은 목표를 이뤄나가는 즐거움을 주기 위해서이다. 그리고 우리의 목표를 눈에 보이게 하여 동기부여를 해주고픈 의도도 있다. 뿐만 아니라 회사가 직원들의 바람을 들어줄 것을 약속하고 그것을 반드시 이행함으로써 서로 간에 신뢰를 쌓아가기 위해서이기도 하다.

24

위시 & 룰로
책임을 다한다

우리의 버킷 리스트 옆에는 '위시 & 룰(Wish & Rule)'이 있다. 버킷 리스트가 실현되기에는 다소 이상적인, 장난스러운 꿈이라면, 위시 리스트는 좀 더 현실적이고 진지한 꿈 리스트라 할 수 있다.

처음엔 직원들의 삶의 질을 높여주고 그들의 바람을 충족시켜주는 복지제도 차원에서 시작되었지만, 점차 회사가 부담하기 힘든 제도라는 이유로 무조건 없애기보다 '함께 그것을 현실로 만들어나가자'는 의의로 확대되었다. 이 리스트의 '위시(Wish)' 항목에는 직원들이 회사에 바라는 것들이, '룰(Rule)' 항목에는 회사가 직원들에게 바라는 것들이 쓰여 있다.

먼저 '위시 리스트'를 보면(183쪽), 여기에는 회사가 직원들에게 기본적으로 제공하는 혜택도 있고, '월 순매출 얼마 달성 시 월 얼마 지급'과 같이 일정한 목표를 달성해야만 주어지는 혜택도 있다.

직원들은 이와 같은 구체적인 항목을 통해 자신이 누릴 수 있는 혜택을 정확히 알고, 추가로 누릴 수 있는 복지까지 염두에 두면서 일할 수 있다. 또, 회사 입장에서도 성과에 대한 보상이라는 명목으로 크게 부담스럽지 않은 범위 내에서 복지정책을 펼칠 수 있다는 장점이 있다.

사실 에브리온TV와 같은 작은 회사에서 전 직원이 하와이로 워크숍을 떠난다는 것은 예산 면에서 버거울 수밖에 없다. 하지만 '매출 얼마를 달성 시 갈 수 있다'고 정해놓으면 회사의 입장에서도 그리 부담스럽지 않다. 따라서 이는 일종의 인센티브 제도라고 볼 수 있다.

실제로 2013년 1월, 창립 6개월 만에 에브리온TV 앱 다운로드 수가 200만을 넘었을 때, 이 리스트에 있는 금액대로 보너스를 지급했다. 이처럼 이는 형식적인 구호가 아니라 그만한 성과를 내면 반드시 지키는, 회사와 구성원 간의 엄중한 약속이 되어야 한다.

다음은 에브리온TV의 '룰 리스트(184쪽 아래)'로 직원들이 회사 생활을 하면서 지켜야 하는 것들이 쓰여 있다.

'우리 이것만은 꼭 지켜요' 항목 중 2명 이상 담배 피우러 가는 것을 왜 금지하냐고 묻는 분들이 많은데, 이는 업무 시간을 준수하고 회사 분위기를 좋게 만들기 위해서이다.

에브리온TV의 기본 제공 혜택

1. 도서
개인용 : 한 달에 한 권
업무용 : 무제한

2. 피트니스 센터
월 OOO원

3. 연차 수당
잔여 휴가 X OOO원

4. 통신비
사원 OOO원(스마트폰에 한하며 서비스 테스트 시 대여 조건)

5. 태블릿 PC
전 사원 지급 (서비스 테스트 시 대여 조건)

6. 생일
생일 파티 / 케이크 및 상품권 OOO원

7. 문화생활
월 1회 퇴근 후, 팀별 문화생활 지원

에브리온TV의 보너스 제공 혜택

1. 자기계발비
월 순매출 OOO원 달성 시 – 월 OOO원 지급
월 순매출 OOO원 달성 시 – 월 OOO원 지급

2. 대학원(석박사 과정) 학비
월 순매출 OOO원 달성 시 – 대학원 학비의 50% 지원

3. 제주도 워크숍
월 순매출 OOO원 달성 시

4. 하와이 워크숍
월 순매출 OOO원 달성 시

5. 특별 보너스
에브리온TV 앱 유저 다운로드 200만 돌파 시 – OOO원 지급
에브리온TV 앱 유저 다운로드 250만 돌파 시 – OOO원 지급
에브리온TV 앱 유저 다운로드 300만 돌파 시 – OOO원 지급

우리 회사에는 초과근무가 거의 없으므로 직원들은 업무 시간만큼은 최대한 몰입해서 일하는 편이다. 그런데 여럿이 담배를 피우다 보면 자연히 이야기가 길어지고, 업무의 흐름이 끊긴다. 또 흡연자끼리 몰려다니다 보면 담배를 피우지 않는 사람들은 자연히 소외된다. 나는 우리 회사에서 단 한 명도 소외감을 느끼는 사람이 없었으면 한다. 대화를 나누고 싶으면 모두가 다 볼 수 있는 사내 카페에서 하면 된다.

우리 회사에 있는 여러 리스트들은 미래가 아닌 '현재'를 위한 것들이다. '바람'을 적은 리스트라는 건 미래를 생각하며 만드는 것인데, 이게 무슨 말이냐고 물을지도 모르겠다. 나는 우리의 리스트

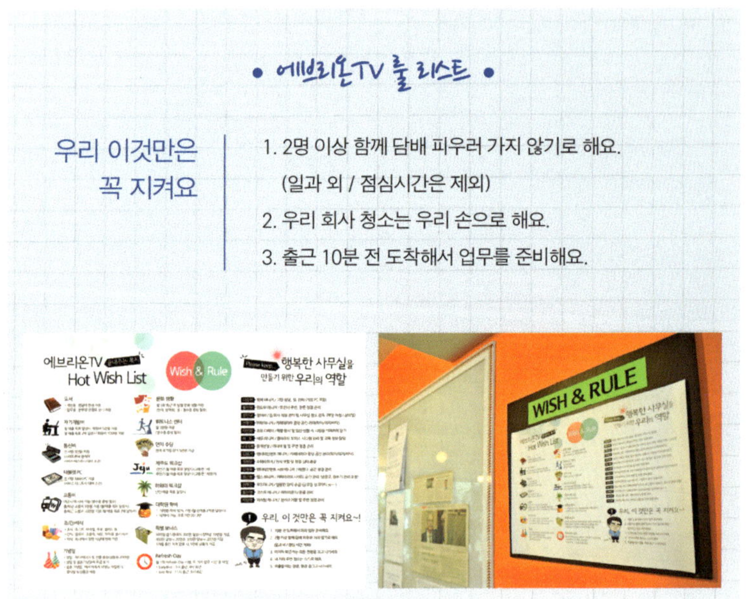

들이 더 나은 미래를 기다리며 현재의 고통을 감내하기 위한 것은 아니라고 생각한다. 나는 우리 직원들이 내일을 위해 오늘을 참지 않았으면 한다. 한 번뿐인 인생에서 오늘, 그리고 지금이 행복하지 않으면 무슨 소용이란 말인가.

따라서 우리의 리스트는 오히려 '보다 즐거운 현재를 위한 리스트'이다. 더 나은 미래는 즐거운 현재를 살다보면 자연스럽게 주어질 테니까.

구글보다 행복한 삶의 공간

채널사업팀 **김원기 팀장**

에브리온TV의 자칭·타칭 분위기 메이커. 채널사업팀에서 여러 채널을 수급하고 그 채널을 이용해서 새로운 사업 기회를 만드는 일을 하고 있다. 입만 열면 농담을 던지는, 능청스러운 복학생 선배와 같은 인상이지만, 일 이야기만 나오면 눈빛부터 달라지고 날카로운 대답을 내놓는 모습이 인상적이다. 그가 말하는 에브리온TV는 어떤 곳인지 들어보자.

편집자 반갑습니다. 채널사업팀에서 일하신다고요? 구체적으로 어떤 업무를 맡고 계신가요?

김원기 에브리온TV는 한마디로 모바일 이용자들에게 동영상 서비스를 제공하는 업체인데요. 이 동영상 서비스 채널들을 에브리온TV에 가져오는 일을 하고 있습니다. 말하자면 에브리온TV라는 큰 건물에 채널이라는 입주자들을 모셔오는 것이지요. 저는 이 같은 채널 수급 업무를 주로 하고 있고, 채널을 이용해서 새로운 비즈니스 모델을 만드는 일도 하고 있습니다.

편집자　그렇군요. 에브리온TV에는 어떻게 오시게 되었나요?

김원기　보안업체 마케터로 사회생활을 시작해서 그 후로는 줄곧 IT 기업에서 콘텐츠를 관리하는 일을 했습니다. 이곳에 오기 전에는 판도라TV에서 영상 콘텐츠 제휴 업무를 담당했고요. 그러다 에브리온TV가 설립되면서 채널사업팀 팀장으로 발령이 났죠.

편집자　판도라TV와 에브리온TV를 모두 경험하셨군요. 그 둘이 어떤 차이점이 있나요?

김원기　차이점이 있다면……. 판도라TV도 좋은 회사인데 에브리온TV는 더 좋은 회사라는 것(웃음)? 사실 저는 첫 직장 생활이 별로 만족스럽지 못했습니다. 유명 보안업체 마케터로 당당히 입사했는데 들어가서 한 일이라곤 커피 타기, 복사하기였거든요. 그래도 그런 일쯤이야 신입이니까 얼마든지 견뎌낼 수 있었는데, 사실 진짜 괴로웠던 것은 회사 분위기였습니다.

편집자　분위기가 어땠는지 말씀해주실 수 있나요?

김원기　네. 남자들만 있는 보안업체라는 특성 때문인지 선배들이 후배들에게 욕을 하고 거칠게 대하는 것이 예사였지요. 높은 경쟁률을 뚫고 어렵게 들어간 회사였는데 결국 10개월 만에 그만두게 되었습니다. 그때 아무리 이름난 회사여도 일하는 게 즐겁지 않으

"다들 마찬가지겠지만 처음 회사를 다니기 시작할 때는 저마다 나름대로 자기 분야의 전문가가 되고 싶은 욕심이 있지요. 따라서 저는 제가 성장할 수 있는 회사가 결국 오래 머물고 싶은 회사라고 생각합니다."

면 아무 소용이 없다는 걸 깨달았어요. 하지만 판도라TV에 입사한 이후로는 아주 즐겁게 잘 지내고 있습니다.

편집자 이젠 정말로 회사 생활이 즐거우신가 보네요.

김원기 물론이죠. 친구들은 회사 나가기 싫어서 일요일 저녁부터 우울하다고 하는데, 저는 지난 몇 년간 그런 건 별로 못 느끼고 살았거든요.

편집자 와, 정말 믿기 어려운 답변이네요. 에브리온TV의 어떤 점이 그렇게 만드는 걸까요?

김원기 음……. 많이 놀 수 있어서라는 대답을 기대하실 것 같은데, 오히려 제대로 일할 수 있어서예요. 다들 마찬가지겠지만 처음 회사를 다니기 시작할 때는 저마다 나름대로 자기 분야의 전문가가 되고 싶은 욕심이 있잖아요. 따라서 저는 제가 성장할 수 있는 회사가 결국 오래 머물고 싶은 회사라고 생각합니다. 그리고 에브리온TV가 바로 그런 직장이고요.

편집자 예를 들어 어떤 점이 그렇죠?

김원기 아주 쉽게 말하면 기획서를 냈는데 마침표를 빠뜨렸다는 등의 이야기는 절대 하지 않아요. 형식이 아니라 일의 본질을 보고 신입사원부터 팀장까지, 누구나 자기 아이디어를 가지고 신사업을 해볼 수 있는 기회를 얻을 수 있죠. 일단 기획안이 통과하면 담당자에게 일임하고 간섭도 별로 없어요. 이렇게 직원들에게 제대로 일할 수 있는 기회를 주기 때문에 나날이 성장할 수밖에 없습니다.

편집자　정말 의외의 답변이네요. 많이 놀게 해줘서가 아니라 오히려 제대로 일할 수 있게 해줘서 좋다니 말이죠. 그래도 노는 이야기도 조금 해볼까요? 회사 분위기가 좀 특이한데 에브리온TV의 기업문화에 대해서 어떻게 생각하시나요?

김원기　제가 우리 회사의 창립 멤버입니다. 처음엔 저랑 박성현 본부장님, 이상락 팀장, 이렇게 세 명이서 시작했고요. 그때 의장님께서 판도라TV와는 또 다른 새로운 회사를 만들고 싶어 하신다는 것을 알게 되었습니다. 상세히 들어보니 생각한 것 이상으로 새로웠어요.

편집자　어떤 것이 새롭게 느껴졌나요?

김원기　보시다시피 회사 분위기가 꼭 카페 같잖아요. 회사에 간식 코너가 따로 있고, 금요일마다 파티를 하기도 하고요. 지금은 익숙해졌지만 솔직히 그런 걸 직접 해보자는 이야기가 나왔을 때는 회사에서 왜 굳이 이런 것까지 해야 하나 하는 생각이 들었죠.

편집자　솔직히 가장 귀찮았던 일은 무엇이었나요?

김원기　회사에 간식 코너를 마련하자고 했을 때, 솔직히 정말 싫었거든요. 누군가는 그걸 준비해야 하는데, 그게 내가 되면 어떡하나 걱정되기도 했고요. 괜히 사무실 지저분해지지는 않을까 우려하기도 했죠. 그런데 일하면서 틈틈이 간식도 먹고 동료들과 대화도 나누고, 계속 그렇게 지내다 보니까 이제는 생각이 달라졌어요. 별거 아닌 것 같은 작은 변화가 회사 분위기를 크게 바꾸더군요.

편집자　에브리온TV의 기업문화를 한마디로 어떻게 정의할 수 있을까요?

김원기　'회사 같지 않은 회사'라고 하고 싶네요. 모두들 그 누구보다 열심히 일하지만 일하는 게 힘들지 않아요. 일이 늘 재미있고 동료들과의 관계도 마치 대학교 동아리 선후배 같습니다. 일 때문에 만나는 사이 같지가 않거든요. 이런 것이 우리 회사를 특별한 회사로 만들어주는 요소라고 생각합니다.

편집자　방금 에브리온TV가 특별한 회사라고 말씀하셨잖아요. 그 특별함이 일에도 큰 도움이 되나요?

김원기　물론이죠. 여기에 오기 전에는 저도 야근을 밥 먹듯 하던 때가 있었습니다. 저뿐만이 아니라 그때는 회사 모든 사람들이 그랬는데 사실 야근을 하는 이유는 '눈치' 때문이었어요. 선배가 안 가니까, 옆 팀이 안 가니까 나도 퇴근하지 못하고 그냥 자리에 앉아 있는 거지요. 그런데 저희는 서로서로 믿기 때문에 눈치를 볼 필요가 없어요.

편집자　칼퇴근 문화를 만드려면 어떤 것들이 필요할까요?

김원기　그건 사장님이 그냥 "야근하지 마세요."라고 한다고 해서 되는 게 아닙니다. 다른 사람 눈치 안 보고 퇴근을 하려면 각자의 업무 영역이 확실해서 자기 일만 제대로 하면 출퇴근 시간 갖고 왈가왈부하지 않는 문화가 필요하고요. 또, 자기 일은 각자 알아서 잘 할 거라는 서로 간의 믿음도 필요하죠.

편집자   역시 신뢰가 큰 영향을 미치는군요.

김원기   네, 맞습니다. 에브리온TV는 바로 이런 믿음이 있는 회사입니다. 서로를 단순히 직장 동료가 아닌 인간적으로 신뢰할 수 있는 친구로 여기고, 직장을 단순히 밥벌이를 위한 곳이 아니라 내가 성장해나가면서 행복을 만들어가는 곳이라고 생각할 수 있어야 하죠.

편집자   직원들의 행복을 최우선 순위에 놓는 에브리온TV의 독특한 문화가 곧 경쟁력이라는 말씀이시군요. 그럼 마지막 질문으로 에브리온TV는 한마디로 어떤 회사인가요?

김원기   음……. 구글보다 월급은 적게 주지만 구글보다 더 좋은 회사(웃음)? 저는 늘 이곳에서 제가 성장하고 있다는 느낌을 받습니다. 하루하루가 즐겁고 배울 것이 많아요. 남들이 보기에는 구글과 비교도 안 되는 초라한 회사지만, 저에게 이곳은 구글보다 더 행복한 삶의 공간입니다.

신입사원에게도 믿고 맡기는 회사

채널사업팀 **박상영 매니저**

에브리온TV의 귀염둥이 막내. 채널사업팀에서 새로운 콘텐츠를 수급하는 일을 맡고 있다. 순박한 시골 청년 같은 모습과 조금 느린 듯한 말투가 함께 있는 사람의 마음을 편안하게 해준다. 회사에 다니는 일이 정말 재미있다고 말하며 환하게 웃는 그의 이야기를 한번 들어보자.

편집자　안녕하세요? 에브리온TV의 막내시라고요. 미소만 봐도 막내 사원한테만 느낄 수 있는 순수함과 열정이 느껴지네요.

박상영　하하, 그런가요? 올해 스물일곱이고요. 에브리온TV의 귀여운 막내가 맞습니다(웃음).

편집자　에브리온TV에는 어떤 계기로 오게 되셨나요?

박상영　저는 원래 광고에 관심이 많아 대학에서 광고를 전공

했습니다. 그런데 졸업 무렵에 다른 취업준비생들처럼 슬슬 걱정이 되더라고요. 선배들 이야기를 들어보니 광고 회사에 들어가면 새벽 2시 퇴근은 기본이고, 주말도 없이 회사에서 거의 살다시피 해야 한다는 거예요. 제가 아무리 광고를 좋아한다지만 그렇게 사는 건 자신이 없었습니다.

편집자　고민이 많으셨겠군요. 그러다 어떻게 에브리온TV까지 오게 되셨죠?

박상영　어느 날 광고협회에서 주최하는 세미나에 참석했다가 우연히 에브리온TV에 대해 알게 되었어요. 블로그를 찾아보니 재미있는 일을 하는 곳 같았고, 무엇보다 직원들을 아끼는 회사 같았습니다. 그래서 이곳에 지원서를 내고 2012년 12월에 입사하게 되었죠.

편집자　회사 일과 개인의 삶 사이에서 고민하던 차에 마침 본인한테 딱 맞는 좋은 회사를 만나셨군요. 다녀보니 어떻던가요? 들어오기 전에 상상했던 모습과 비슷했나요?

박상영　자유로운 분위기의 회사, 배부른 회사, 재미있는 이벤트가 많은 회사 등 제가 예상했던 모습과 거의 일치했어요.

편집자　그중 가장 만족스러운 건 어떤 건가요?

박상영　야근이 별로 없는 거요(웃음)! 제가 메신저를 켜놓고 근무를 하는데 저녁 6시만 되면 메신저에서 사라지거든요. 친구들이 그걸 그렇게 부러워해요. 그러면서 "니가 무슨 공무원이냐?", "너희

"저는 누가 저에게 어떤 일을 하냐고 물어보면 너무 신이 납니다.
제가 하는 일이 자랑스럽고 스스로 좋아하는 일을 하고 있으니까
진짜 실력 있는 사람이 될 거라는 확신도 있고요."

회사는 일이 없냐?” 하면서 놀리기도 하고요. 이곳이 첫 직장이라 다른 곳이 어떤지는 잘 모르지만, 친구들 이야기를 들어보면 다른 회사는 자기 일이 끝나도 퇴근하기가 어려운 것 같더라고요.

편집자　일은 어떤가요? 신입사원으로 들어오셨으니 에브리온 TV의 일하는 방식을 기본부터 경험하셨을 것 같은데요.

박상영　입사하고 일주일쯤 되었을 때 박성현 본부장님이 저를 회의실로 부르셨습니다. 그리고 나서 우리 팀에서 하는 콘텐츠 수급 업무에 대해 쭉 설명을 하시더니, 내일부터 콘텐츠 수급을 해오라는 거예요. 깜짝 놀랐죠. 솔직히 아직은 자신 없다고 했습니다. 그랬더니 본부장님이 그럼 세 번 정도 팀장님 미팅을 따라가보라고 하셨어요. 그래서 정말 딱 세 번, 팀장님 미팅을 따라갔죠. 그리고 그 후로는 저 혼자 콘텐츠 수급 업무를 할 수 있게 되었습니다.

편집자　겁이 나거나 두렵지는 않으셨나요?

박상영　처음에는 물론 겁이 났죠. 그런데 한 한 달쯤 지나고 나니 저 혼자서 전화하고 미팅을 잡고 콘텐츠 공급 관련 사안에 대해서 논의하는 게 크게 어렵지는 않았어요. 신입인 제가 이렇게 독자적으로 일을 처리할 수 있다는 게 참 자랑스러웠습니다.

편집자　신입사원에게도 그런 중요한 임무를 맡기는 것 또한 직원들을 주도적인 사람으로 만드는 데 큰 영향을 미치겠군요.

박상영　네, 맞습니다. 한번은 혼자 미팅을 가는데 대학 선배를 마주쳤거든요. 선배가 어디 가냐고 물어보길래 미팅을 가는 길이라고 했지요. 그랬더니 선배가 미팅을 벌써 혼자 가냐면서 깜짝 놀라는 거예요. 자기는 아직도 그렇게 해본 적이 없다면서요. 그때 제 어깨가 약간 으쓱해졌죠(웃음). 이게 에브리온TV의 강점 같아요. 그 사람을 믿고 기회를 주는 것, 그리고 그 덕분에 자연스럽게 성장하게 되는 것 같습니다.

편집자　회사에 대해 자랑하고 싶은 것 한 가지만 더 꼽는다면 어떤 게 있나요?

박상영　하하하. 글쎄 뭐가 있을까요? 음……. 회사 분위기요! 처음 회사에 들어왔을 때 저는 누가 대표님인지 구분이 안 갔어요. 청바지 차림에 책상도 직원들과 똑같은 걸 쓰시잖아요. 다른 회사에 다니는 친구들 이야기를 들어보면 상하관계가 매우 확실한 것 같은데 우리 회사는 모두가 형제처럼 지내고 있어 너무 좋습니다.

편집자　실제로 의장님과 가깝게 잘 지내시나요?

박상영　네. 의장님 입장에서는 제가 정말 까마득한 후배고 말단 사원이잖아요. 그래도 언제나 저를 보면 잊지 않고 옆집 형처럼 제 안부를 물어봐주세요. 제가 나중에 스타트업 기업을 치리고 싶다고 하니까 막 신이 나서 앞으로 많이 가르쳐주겠다고 하시고요. 어떨 땐 의장님이 정말 친한 형처럼 느껴져요. 이런 거야말로 자랑거리가 아닐까요.

편집자　그러면 이번엔 이것은 좀 개선되었으면 좋겠다 싶은 것에 대해 말씀해주시겠어요? 막내 사원이시니까 용감하게 이야기하

셔도 용서받으실 것 같은데요(웃음).

박상영　단점이요? 음……. (계속 생각하면서) 진짜로 잘 모르겠어요. 아! 살이 너무 많이 쪘어요(웃음). 회사에 먹을 게 많아서 입사하고 벌써 10킬로그램이나 쪘습니다. 솔직히 바로 옆에 맛있는 게 있는데 먹지 않고 참는 게 너무 어렵습니다.

편집자　정말로 불만이 없으신 것 같으니 넘어가겠습니다(웃음). 그럼 이번엔 가장 잊을 수 없는 에피소드 하나만 말씀해주세요.

박상영　연말에 상장 만들기를 했던 거요. 아시겠지만 저희는 연말에 종무파티를 합니다. 그리고 모든 직원에게 그 사람에게 꼭 맞는 상을 주는데요. 그 상장 만드는 일을 제가 담당하고 있습니다. 인생무상, 파리 크로와상, 갸루상 모두 제 작품이에요(웃음).

편집자　상장을 만들면서 어떤 걸 느꼈나요?

박상영　얼핏 보면 장난 같지만 전 직원의 그해 이룬 공로에 대해 생각해보고 그것을 인정해주기 위해 하는 거니까 사실은 굉장히 멋진 일입니다. 또 업무적인 공로 외에도 그 사람이 동료들에게 어떤 존재였는지도 돌이켜보게 되고요. 사람마다 다 다른 문구를 만들어야 하니 힘도 들고 생각보다 잔손도 많이 가지만, 지난 연말에 가장 기억에 남는 일이었어요.

편집자　아마 지금 드리는 질문에 대한 답변이 대한민국 신입사원들의 입장을 잘 대변할 수 있으리라 생각합니다. 좋은 회사란 과연 무엇일까요?

박상영　자기가 하는 일에서 행복을 찾을 수 있는 회사라고 생각합니다. 저는 일하는 것이 즐거워요. 내가 무엇을 위해서 이 일을 하는지 정확히 알고, 내가 성장하고 있다는 걸 아니까 행복합니다. 누가 시켜서 억지로 하는 게 아니니까 집에 가서도 내일은 어떻게 일을 할지 열심히 계획하게 되더라고요.

편집자　요즘에는 신의 직장이란 곳에 들어가도 신입사원들이 퇴사를 많이 해서 회사에서도 고민이라고 하죠. 주변 친구들에게서 실제로 그런 이야기를 많이 듣나요?

박상영　네. 제 친구 중에 대학생들이 선망하는 공무원이 된 친구가 있어요. 사실 그렇게 되기까지 정말 힘들었는데도, 일이 너무 재미없다고 항상 한숨을 쉽니다. 안정적인 것만 생각해서 직업을 선택한 게 잘못이었던 것 같다고 하면서요. 그런데 저는 누가 저에게 어떤 일을 하냐고 물어보면 너무 신이 납니다. 제가 하는 일이 자랑스럽고 스스로 좋아하는 일을 하고 있으니까 진짜 실력 있는 사람이 될 거라는 확신도 있고요.

편집자　그렇다면, 회사에서 가장 중요한 것은 무엇일까요?

박상영　무엇보다 저와 함께하는 사람들이 아닐까요? 저는 회사에서 좋은 인연을 만들어가고 있고, 그래서 제 인생을 잘 꾸려나가고 있다는 생각까지 듭니다. 아, 좋은 회사에 대해서 다시 정의를 내리고 싶네요. 저처럼 행복한 직원들이 많은 회사요. 그래서 저는 지금 좋은 회사에 다니고 있습니다.

Part3
리더와 소통하는 최고의 인재 키우기

신뢰로
성장시키는
인재 육성법

25 리더에게는 사람이 전부다

에브리온TV의 사무실 한 벽면에는 직원들이 행복하게 웃는 모습을 담은 사진과 함께 'Nothing without People(사람이 전부다)'이라는 슬로건이 새겨져 있다. 벤처의 성공을 위해서 가장 중요한 것이 뭐냐고 묻는다면 나는 주저없이 '사람'이라고 대답하고 싶다.

한 회사의 경영자가 대부분 그렇듯이 나 역시 오랫동안 정신없이 일만 하며 살았다. 그런 노력이 다행히 헛되지 않아서 내가 설립한 판도라TV가 국내 정상의 동영상 미디어가 될 수 있었다. 그리고 국내외 수많은 업계 관계자들과 이용자들의 관심을 받으며 폭발적으로 성장했다.

그런데 2008년에 글로벌 금융 위기가 닥쳤다. 당시 판도라TV

는 미국의 투자기업에서 큰 액수의 금액을 투자받기로 되어 있었다. 그러던 차, 갑작스럽게 글로벌 금융 위기가 닥치면서 약속된 투자금을 받을 수 없는 난관에 부딪히고 말았다.

그러자 그동안 많은 공을 들여왔던 각종 콘텐츠와 인프라 등에 대한 적극적인 투자가 어려워졌다. 이는 금세 트래픽 감소로 이어졌고, 당시 판도라TV와 비슷한 수준의 이용자를 갖고 있던 경쟁 업체, 유튜브가 급성장하는 계기가 되었다. 설상가상으로 정부까지 IT 기업에 대한 지원을 축소하면서 큰 재정적 어려움에 봉착했다. 네트워크 비용은 대형 포털 서비스 수준으로 들어가는데 매출은 그것에 한참 못 미치니, 회사가 이만저만 어려운 게 아니었다.

내가 '사람의 중요성'에 대해 깊이 생각해보게 된 것은 바로 이때였다. 사실 사업이 한참 잘될 때는 내가 사람을 다루는 데 유능한 줄 알았다. 그도 그럴 것이 내 옆에는 늘 최고의 경력과 기술력을 가진 인재들이 있었고, 그들과 함께 놀랄 만한 좋은 성과를 만들어왔기 때문이다.

하지만 회사가 어려워지자, 어쩔 수 없이 수많은 이별을 경험하게 되었다. 직원들이 각자의 행복을 찾아 자신의 길을 가는 것을 무조건 탓할 수는 없지만, 함께 오랜 시간 일해왔던 사람들과 헤어지는 과정을 거치면서 나는 '내 리더십이 근본적으로 잘못된 것은 아닌가' 하는 의문을 품게 되었다.

너무 순진한 생각을 하는 건 아니냐고 하는 사람도 있겠지만,

나는 항상 사장과 직원의 관계를 뛰어넘는, 함께 서로의 꿈을 키워 갈 수 있는 파트너를 만나기를 꿈꾸었다. 특히나 IT 분야는 경영자와 조직 구성원이 한마음으로 자신의 재능과 열정을 마음껏 발휘해야만 목표한 실적을 올릴 수 있다. 서로가 서로를 감시하는 순간, 회사는 점차 나락으로 떨어진다.

그럼에도 아직도 많은 리더가 직원들을 감시하는 데 시간을 쓴다. 대부분의 회사에서는 최고 경영자가 한 사람이다. 그렇다면 한 명의 경영자가 과연 얼마나 많은 직원을 감시할 수 있을까? 실제로 해보면 알겠지만 단 한 사람을 감시하는 데에도 시간이 빠듯하다. 이를 반드시 명심하라. 상대를 감시하거나 소모품처럼 대했다가는 금세 쓰디쓴 실패를 맛보게 된다.

쿠팡의 김범석 대표는 "인재는 회사를 성공시킬 수도 파괴시킬 수도 있다"고 했으며, 『스타트업 바이블』(배기홍, 파이카)이라는 책에서도 "벤처 CEO는 80퍼센트를 사람 채용에 쓰고, 나머지 20퍼센트를 그 사람을 잡아두는 데 써야 한다는 말이 있다."라는 문구가 나온다. 이처럼 나뿐 아니라 많은 벤처 CEO들이 스타트업 기업에서 가장 중요한 것으로 '사람'을 꼽는다.

하지만 사람이 중요하다는 사실을 아는 것만으로는 부족하다. 중요성을 알고 있어도 함께 지내다 보면 충돌이 일어나기 때문에 이를 실천하기란 무척이나 어렵다.

사람을 중시한다는 것은 반드시 그 사람을 위해서 모든 걸 다

판도라TV 사무실 벽에도 직원들의 사진과 함께 "사람이 전부다"라는 문구가 새겨져 있다.
모든 사장들은 사람의 중요성을 알고 있지만, 이를 실천하는 일은 정말 어렵다.

해주는 것도 아니며, 무작정 충돌을 피하는 것도 아니다. 그리고 그 이면에는 반드시 '신뢰'라는 가치가 깔려 있어야 한다.

가족이나 친한 친구와는 싸우더라도 회복이 쉽다. 서로 간에 강한 믿음이 있기 때문이다. 그리고 신뢰는 반드시 쌍방향적이어야 한다. 그래야만 갈등이 생기더라도 관계가 틀어지는 데까지 가지 않는다. 대화가 길어지는 이유 중 하나는 서로를 믿지 못하기 때문이다. 따라서 시간의 효용성 측면에서도 신뢰는 기업에서 반드시 제1의 가치가 되어야 한다.

에브리온TV 역시 서로를 믿고 일하는 분위기가 이미 형성되어 있어 업무 처리 속도가 빠르다. 서로 잘 통하니 굳이 길게 설명하지 않아도 알아서 척척 움직인다. 이처럼 신뢰를 기반으로 하는 경영 시스템은 불필요한 관리에 드는 비용을 줄이는 데에도 한몫한다.

내가 에브리온TV를 통해 이루고 싶은 바는 분명했다. 신뢰를 바탕으로 즐겁게 일하는 회사, 그래서 일하는 것이 행복의 일부가 되는 그런 회사를 세우는 것 말이다. 그리고 이런 회사를 만들기 위해 우리는 색다른 도전을 해왔으며, 그 도전은 계속 진행 중이다.

26

사업은 모두가 같이하는 팀플레이다

판도라TV는 앞서 말한 여러 위기로 인해 3~4년간 힘든 시간을 거치다 겨우 제자리를 찾았다. 모두 나를 믿고 따라준 직원들의 노력 덕분이었다. 이때부터 나는 진정한 리더십이 무엇인지 가슴 깊이 깨닫게 되었다.

리더가 해야 하는 첫 번째 임무는 바로 신뢰를 기반으로 한 팀워크를 만드는 것이다. 사실 신뢰라는 것은 매우 복잡한 과정을 통해 만들어지는 심리적 산물이다. 직원들에게 단순히 보상을 많이 해준다고 해서 얻을 수 있는 것도 아니고, 한없이 친절하게 대한다고 해서 생기는 것도 아니다. 내 경험상, 서로 다른 사람들끼리 신뢰 관계를 맺기 위해서는 그 사람과 '영적 교류'가 있어야 한다. 이것은 결코 하루아침에 이뤄지지 않는다. 그리고 오랫동안 신뢰관계를 잘 구축했다고 해도 한 번의 실수로 와장창 무너지기도 한다.

사업 초기에는 오로지 나만 열심히 하면 된다는 생각으로 뛰었는데 시간이 지날수록 '팀워크'의 중요성을 뼈저리게 느끼게 되었다. 내가 지금 직원들을 끔찍이 아끼고 그들의 마음을 세심하게 챙기려고 노력하는 것도 바로 그 팀워크를 만들기 위해서이다.

팀워크가 형성되기까지는 시간을 필요로 한다. 그런데 사장은 이것이 완전히 만들어지기도 전에 무작정 직원들을 몰아붙이려 한다. 그러면 팀워크는 형성되지도 못한 채 바로 무너져버린다. 그리고 결국 회사, 개인 모두 다 손해를 입게 되며, 사람과 멀어지는 순간 당신은 상상을 초월하는 마음고생을 감내해야 한다.

이런 시행착오를 수없이 겪었기에 에브리온TV를 세울 때만큼은 천천히 가야겠다고 맘먹었다. 세계 최고의 브랜드가 된 3M, HP 등 성공한 벤처기업을 잘 들여다보면 '좋은 팀'이 있었다는 공통점이 있다. 사업은 나 혼자 하는 게 아니라 우리 모두 함께하는 '팀플레이'이다. '신뢰에 기반한 팀워크'는 높은 자리에서 나락으로 떨어지는 경험이 없었다면 결코 몰랐을, 내 인생 최고의 화두였다.

나는 직원들의 신뢰를 얻기 위해서는 내가 먼저 그들에게 행복을 주는 사람이 되어야 한다고 생각했다. 일상에서도 우리는 나를 행복하게 만들어주는 사람을 믿지 않는가.

돌이켜보면 너무나 부끄러운 이야기지만 과거에 나는 사람을 만나면 내 자랑을 늘어놓기에 바빴다. 사장이라는 사람들은 대부분 일에 대해 남다른 열정을 품고 있으며, 어떤 특별한 재능이나 역량을 겸비한 경우가 많다. 그러므로 늘 자신의 뛰어난 점을 부각시키고, 온 세상이 자기 중심으로 돌아가고 있다고 착각하기 쉽다. 그러다 보면 자기가 세워놓은 기준에 미치지 못하는 사람들을 탓하기도 한다. 그동안 나는 절대 그런 사장이 아니라고 생각했지만, 돌이켜보면 나 역시 그와 같은 실수들을 적지 않게 저질러왔다.

한때 나는 주변 사람들에게 투자받는 능력이 뛰어나다는 칭찬을 자주 들었다. 과거에는 그 말이 칭찬인 줄만 알았다. 그런데 이제와서 생각해보면 그게 꼭 칭찬만은 아니라는 생각이 든다. 사업가는 오직 실적으로 말해야 하며, 그 후부터는 직원들에게 사랑과 존경을 받는 일이 무엇보다 중요하기 때문이다.

그런데 유능한 사장일수록 신뢰와는 정반대 노선을 걷는 경우가 많다. 다시 말하지만 사장들은 모두 다재다능하다. 아는 것도 많고 네트워크도 많다. 사장은 자신의 뛰어난 능력을 굳이 직원들에게 자랑할 필요가 없다. 그러지 않아도 직원들도 다 안다. 그러니 그 위대한 분은 이제 자신을 내려놓고 직원들을 배려하는 데 에너지를 써야 한다. 그리고 직원들이 나에 대해서 알고 있는 만큼 나도 그들에 대해 알아야 한다. 학력이나 나이, 출신성분과 같은 배경뿐 아니라 그 사람의 '마음'을 헤아릴 줄 알아야 한다는 뜻이다.

지금 함께 일하고 있는 직원 중 한 명을 떠올려보자. 그 친구의 꿈이 무엇인지 아는가? 현재 어디에 어떻게 살고 있는지, 어떤 것에 관심이 많은지 바로 대답할 수 있는가? 만약 답했다 해도 그게 정말 사실일까? 자신이 섣불리 알고 있거나 어디선가 주워들은 얘기는 아닐까? 이런 질문에 제대로 답하지 못한다면 당신은 절대 회사를 제대로 운영하기 위한 정책을 만들어낼 수 없다.

물론 직원에 대한 이해가 없더라도 정책을 '만들어낼 수는' 있다. 하지만 결코 오래가지 못한다. 당신이 같이 일하는 파트너들의 숨결이 스며들어 있지 않기 때문이다. 내가 앞서 얘기한 많은 제도나 정책들은 나 혼자 짜낸 것들이 아니다. 우리 직원들과 호흡하면서 그때그때 결정된 것이고, 그렇기에 직원들 모두 거리낌 없이 그것들을 수용하면서 지키고 있는 것이다.

여러분이 세상에 없는 동네 하나를 만들어간다고 상상해보자. 처음에는 한두 채 집이 생기다가 점차 늘어날 것이다. 그렇게 사람이 늘어나면 어느새 하나의 사안을 두고도 의견이 분분해진다. 그때 동네 책임자가 맘대로 정책을 세우면 어떻게 될까? 어디선가 불만의 목소리가 터져나오고, 공동체는 분열된다. 책임자가 그들의 입장을 조율하고 행복한 커뮤니티로 키우겠다는 의지를 갖고 동네를 세팅하지 않으면 결과는 불 보듯 뻔하다.

따라서 리더는 서로 의견 충돌이 생기더라도 금방 조율할 수 있는 기반을 마련해야 한다. 그리고 그것이 곧 그 회사의 기업문화다. 좋은 기업문화 속에서 피어난 좋은 조직은 위대한 성과를 만들어낼 수 있다. 애플과 같은 기업도 만들 수 있고, 아이폰처럼 위대한 제품도 생산해낼 수 있다. 또, 리더가 모범을 보이면서 직원들을 아끼고 섬기면 그 아래 있는 중간 관리자 또한 자연스럽게 이를 따라 하게 된다. 그리고 그런 노력들이 모여 좋은 기업문화를 지속시키는 주춧돌이 된다.

직원들의 능력은 절대 성공하는 회사의 일 순위 조건이 아니다. 그보다 더 중요한 것은 그들을 성장시켜줄 수 있는 좋은 문화이다. 능력 좋은 사람으로만 가득 차 있는 회사는 아무 쓸모없다. 이는 이미 과거 수많은 기업의 실폐 사례를 통해 입증되었다.

에브리온TV는 이렇게 섬김의 리더십과 존경의 팔로워십이 만든 기업문화를 통해 오늘도 스마트 모바일 시대의 역사를 써 내려가고 있다.

> "회사 일은 모두 연관되어 있어서 서로 업무에 대한 이해가 부족하면 상대방에 대한 배려도 떨어지는 것 같아요. 상대에 대한 관심이 바로 신뢰를 만드는 첫 걸음 아닐까요."
>
> – 서비스마케팅팀 김은주 매니저

국민들로부터 존경받는 대통령이 최고의 대통령이듯, 이제 기업의 CEO는 직원들로부터 존경을 받으며 신뢰를 얻을 때 '최고의 CEO'라는 직함을 얻게 될 것이다. 나 역시 지금은 아니더라도 언젠가 우리 회사 안에서만큼은 '최고의 대통령'이 되는 날이 오리라고 믿는다.

'회사의 수익 증대는 곧 직원의 몫이자 행복'이라는, 지극히도 당연한 등식이 성립되는 회사에서는 그 어떤 일도 즐겁게 해낼 수 있다. 하지만 여전히 많은 기업에서 그 수익은 리더만의 몫으로 주어지고 있을 뿐이다.

앞서 언급했듯 에브리온TV는 전 직원 모두 '수익 창출'이라는 하나의 목표를 매월 공유하고 있으며, 디자인을 할 때도 프로그래밍을 할 때도, 기획을 할 때도 신뢰체계 속에서 움직일 수 있도록 자연스럽게 훈련되고 있다. 그리고 이것은 이제 훈련을 넘어서 조직원들의 생각을 지배하는 '문화'가 되었다. 그리고 이런 문화가 정착되자, 직원들은 모두 '자신의 삶의 주인'이 되어 살아간다.

27

늘 많은 걸
말할 수 있어야 한다

기업의 CEO는 항상 최상의 판단을 내려야 하며, 실수를 하더라도 그것을 꼭 만회할 수 있어야 한다. 그만큼 책임감이 크기에 회사의 대표는 독단적으로 변하는 경우가 많다.

대표는 사실상 무한대의 힘을 갖고 있다. '무슨 소리! 요즘 세상은 그렇지 않아. 직원들 눈치 보느라 내가 더 힘들어.'라며 반박하는 사장도 있겠지만, 그래도 절대 직원들은 당신만큼 자유롭지 못하다. 어쨌든 더 큰 힘을 갖고 있는 것은 사장인 당신이기 때문이다.

따라서 그들에게 "자, 자네의 의견을 맘껏 얘기해보게."라고 아무리 말해봤자 쉽게 자신의 속내를 터놓고 이야기하는 직원은 거의 없다. 중요한 건 자신이 직원들에게 이런 존재임을 대표 스스로 인식하고 있어야 한다는 것이다.

그리고 사장 본인은 직원들에게 충분히 마음을 열고 있다고 생각하고 있을지 몰라도 그건 혼자만의 착각일 확률이 높다. 직장에서 월급을 받으며 살아가는 직장인에게 사장이란 아무리 편해봤자 자신의 밥줄이 걸려 있는, 무시무시한 권력을 갖고 있는 존재이므로 그 관계란 것은 절대 어떤 선을 넘기 어렵다.

그러나 성공가도를 달리는 사장일수록 자신도 한때 실패를 범했고 누군가의 아래에서 일했던 사원이었음을 망각한다. 그리고 크게 성공하면 직원이 아니라 자기가 잘나서 가능했다고 생각한다.

하지만 그런 마인드는 회사가 발전하는 데 아무런 도움이 안 된다. 회사를 지속적으로 성공시키려면 무엇보다 직원들의 마음을 이해하고 잠재력을 끌어내는 게 중요하다. 그러므로 사장에게 필요한 가장 첫 번째 덕목은 '겸손'이며, 그다음은 '인내'이다.

사장들은 늘 직원들이 '내 마음을 모른다', '내 말을 이해하지 못한다'고 불평한다. 그렇다면 당신은 직원들의 마음을 얼마나 잘 이해하고 있는가? 사람과 사람 사이에 신뢰가 작동하려면 시간과 노력이 필요할 수밖에 없다. 서로 다른 환경에서 자랐고 위치가 다르므로 소통이 잘 이뤄지지 않는 것은 너무나 당연하다. 따라서 사장은 직원들이 마음의 준비를 할 때까지 기다려야 하고, 그들의 열정을 끌어내야 하며, 하기 싫은 것도 하게끔 설득할 수 있어야 한다. 그리고 그런 작업에 시간을 충분히 '낭비'할 줄도 알아야 한다.

이는 절대로 '느긋하게 경영하라'는 의미가 아니다. 지금같이 환경변화가 빠른 시대에는 그 변화에 바로바로 적응할 수 있는 실행력이 매우 중요하며, 그렇기에 사장의 '강력한 드라이브'가 필요한 것도 사실이다.

그러나 아무리 온화하고 편안한 이미지의 사장이라도 어쨌든 사장은 기본적으로 강력한 리더십을 발휘한다. 모든 직원들은 당신에게 매사 허가를 받고 보고해야 하는 반면, 당신이 보고해야 할 존재는 없다. 따라서 이미 사장이라는 자리 그 자체만으로도 강력한 힘을 발휘하고 있는 것이다. 그러므로 당신이 생각하고 있는 그 이상으로 자신을 내려놓고 직원들을 기다려야 한다. 그들이 당신이 원하는 질문에 답할 수 있을 때까지, 그리고 직원이 자신의 목소리로 말할 수 있을 때까지.

사장이라면 우리 직원들은 왜 주도적으로 일하지 않는지 모르겠다는 불평을 많이 할 텐데, 직원들은 절대 쉽게 나서려고 하지 않는다. 특히 4, 5년 차 정도 되면 나설수록 일만 커지고 오히려 손해를 보는 경험을 수없이 해봤기 때문에, 설사 좋은 의견이 있더라도 함부로 입을 열지 않는다.

그러면 겉으로는 별문제가 없어 보여도 회사는 점점 조용해진

> "에브리온TV는 말 그대로 'TV에서 할 수 있는 모든 것을 할 수 있게 하는 회사'예요. '진짜 이런 것까지 해야 돼?'라는 생각이 들 정도로 참 많은 테스트를 진행하고 있거든요."
>
> – N스크린전문가그룹 황선원 과장

다. 일이 돌아가도 새로운 일을 벌이는 사람이 없어 어느 순간 정체되고, 변화무쌍해야 하는 벤처기업이 점점 대기업처럼 변해간다.

하지만 그래도 사장은 늘 직원들만 탓한다. 그러나 나는 강력히 말하고 싶다. 이런 분위기는 경영진이 만든 것이다. 자꾸만 직원들을 혼내고, 의견을 내면 묵살하거나 곧장 일을 시키려 하는 사장의 태도가 문제다. 때로는 그냥 브레인스토밍으로 가볍게 얘기하고 넘어가도 되는데, 사장들은 그렇게 안 한다. 어떻게든 그걸 바로 시켜야 직성이 풀린다. 그러니 어느 직원이 섣불리 나서겠는가.

비단 업무뿐만이 아니다. 회식도 즐거워야 하는데, 그 자리에 자꾸만 의미를 부여하고, 그 시간에도 일에 대해 이야기한다. 하지만 생각해보자. 직원들은 대부분 억지로 회식에 참여한다. 그런데 그 자리에서까지 일 얘기를 하면 누가 그 자리를 좋아하겠는가? 그러므로 리더는 그날 회사에서 아무리 안 좋은 일이 있었다 해도 회식 때만큼은 다 잊어버리도록 분위기를 이끌어야 한다.

그리고 나는 회식이야말로 상대를 알아가는 절호의 찬스라 생각한다. 그렇다고 해서 꼭 늦게까지 회식을 할 필요도 없다. 나도 숱하게 회식을 해봤지만, 회식을 늦게까지 한다고 해서 서로를 알아가는 기회가 많아지는 것은 결코 아니었다. 또, '마시고 죽자'고 하는 자리에서도 별 의미를 발견하지 못했다.

그러나 에브리온TV에서 회식을 싱크파티로 대체한 이후로는 직원들 만족도도 높아졌을 뿐 아니라 나 역시 직원들을 더 많이 이

우리는 서로를 형, 동생이라 부르지만 않을 뿐, 한 가족
처럼 격식 없이 지낸다.

해하게 되었다.

함께 일할 사람들은 서로를 잘 알아야 한다. 아무것도 아닌 말 같지만 이는 정말로 중요하다. 잘 알기 위해서는 사석에서도 공석에서도 서로에 대한 많은 얘기를 할 수 있어야 한다. 꼭 일 얘기뿐만이 아니다. 월요일에는 주말에 뭐 했는지 자연스럽게 묻고, 때로는 동료의 단점에 대해서도 대놓고 말할 수 있어야 한다.

그러다 보면 우리 모두 장단점을 갖고 있는 평범한 사람이라는 것을 알게 되고, 서로에게 동질감을 느끼게 된다. 그러면서 우리는 점차 한 배를 타고 같은 곳을 향해 떠나는 '한 팀'이 되어간다.

나는 늘 많은 걸 얘기할 수 있는 회사를 만들기 위해 노력하고 있다. 자신의 생각을 솔직히 말하고, 상대의 이야기를 경청할 수 있는 회사의 팀워크는 좋아질 수밖에 없다. 이런 분위기는 회사의 대표가 자신을 내려놓고 늘 겸손한 태도로 다가갈 때, 직원들 한 사람 한 사람에게 사람 대 사람으로서 관심을 가질 때 만들어진다는 사실을 명심하자.

직원도 리더를 움직일 줄 알아야 한다

●● '칭찬은 고래도 춤추게 한다'라는 말처럼 리더는 당근과 채찍을 적절하게 활용함으로써 조직 내 구성원들이 목적을 달성하도록 이끌어야 한다. 최근에는 채찍보다는 당근의 기술, 즉 칭찬의 힘에 대한 이야기들이 많은 공감을 불러일으키고 있다.

보통 리더나 상사가 아랫사람을 칭찬해야 한다는 말은 많이 들어봤을 것이다. 하지만 나는 직원도 리더를 칭찬할 수 있어야 한다고 생각한다. 목표를 달성하기 위해 리더가 조직을 움직이듯, 부하 직원 역시 리더를 움직여야 할 때가 있다.

'리더에게 보내는 칭찬', 그것을 우리는 흔히 '아부'라 칭하기도 한다. 국어사전을 찾아보면 아부란 '남의 비위를 맞추어 알랑거림'이라고 나온다. 하지만 《타임》지의 수석 편집장이었던 리처드 스탠

걸의 『아부의 기술』(참솔)이라는 책에서는 아부를 '전략적인 칭찬, 즉 특별한 목적을 추구하는 수단으로서의 칭찬'이라고 정의하며, 적절한 아부야말로 현대사회에서 인간관계를 부드럽게 해주는 윤활유라고 말한다.

물론 아부에 역효과가 있는 것도 사실이지만, 윗사람의 의견을 최대한 긍정적으로 헤아려 설득함으로써 관계를 끈끈하게 만드는 데 기여한다는 점은 부정할 수 없다.

리더 역시 불완전한 인간이기 때문에 항상 옳은 결정을 할 수는 없다. 직원은 이를 잘 알고 있어야 한다. 즉, 리더가 실수를 했다고 해서 '사장이 뭐 저래'라고 비꼬거나, 리더는 항상 옳다고 생각하며 윗사람의 지시는 무조건 수용하는 태도 모두 문제가 있다.

의사 결정 단계에서는 보통 세 가지의 상황이 존재한다. 그 첫 번째는, 리더가 확신하는 방향과 내가 확신하는 방향이 같은 경우이다. 이때는 리더의 지시를 수행하는 데 아무런 문제가 없다. 두 번째는 리더가 확신하는 방향이 나와는 다르지만 나의 방향에 큰 확신이 없는 경우이다. 이 역시 보다 많은 정보의 양을 다루고 있을 뿐 아니라 책임의 범위가 큰 리더의 생각을 따르는 것이 현명하다.

문제는 세 번째, 리더가 제시하는 방향이 나의 방향과 다른데 내 의견에 더 확신이 가는 경우이다. 이때 리더의 생각을 따라가기란 쉬운 일이 아니다. 이 경우 내가 할 수 있는 방법은 최대한 리더를 설득하는 것뿐이다. 이런 상황에서는 대개 다음과 같이 말을 하게 될 것이다.

> – "사장님의 의견은 제 생각과 다릅니다. 따라서 저는 사장님의 지시를
>   따를 수 없습니다."
> – "사장님의 의견은 제 생각과 다릅니다. 하지만 사장님의 지시대로 잘
>   이행하여 프로젝트가 성공할 수 있도록 최선을 다하겠습니다."

당신은 어느 경우에 더 가까운가? 이 두 가지 대답은 분명 다르다. 그리고 듣는 이로부터 분명 다른 반응을 끌어낼 것이다.

첫 번째 대답을 들은 사장은 속으로 '네가 그렇게 잘났어? 그렇게 잘난 놈이 왜 내 밑에서 일을 하고 있는 거야? 시키면 시키는 대로 그냥 할 것이지, 참 건방지군. 계속 그렇게 나와봐라. 나도 내 생각을 굽힐 생각이 전혀 없거든.'이라고 생각할 것이다.

하지만 두 번째 대답을 들은 사장은 속으로 '본인의 생각과 다른데도 내가 원하는 바대로 열심히 하겠다니 기특하구먼. 그런데 혹시 내 생각이 잘못된 건 아닐까? 왜 다르게 생각하는 건지 더 들어봐야겠어.' 하며 커뮤니케이션을 이어갈 확률이 높다. 물론 모든 상황이 이렇게 이상적으로 흘러가지는 않겠지만, 내가 말하고 싶은 것은 적어도 의사결정을 하는 상사의 심기를 건드려서 좋을 일은 하나도 없다는 것이다.

실제로 의장님은 나를 좋은 협상가라고 칭한다. 여태까지 당신

의 의견을 거스른 적이 없고, 당신이 원하는 모든 지시를 그대로 이행했기 때문에 당신과 다른 생각을 얘기하면 오히려 더 귀 기울여 듣게 된다는 것이다.

업무상 파트너와 협상을 많이 해야 하는 나의 경우, 항상 놓치지 않는 것이 '시너지'이다. 제로섬 게임처럼 한쪽이 일방적으로 손해를 봐야 다른 한쪽만 이익을 얻는 구조로는 상대방과 좋은 거래를 성사시킬 수 없다. 상대방으로부터 하나를 얻으면 나도 상대방에게 하나를 줘야 한다. 이로써 지속적인 '상생'이 가능해진다.

'가는 말이 고와야 오는 말이 곱다'는 말처럼 즐거운 회사를 만들기 위해서는 리더가 직원을 대하는 태도와 직원들이 리더를 대하는 태도 간에 '균형'이 필요하다. 그리고 리더가 직원을 칭찬할 때, 직원 역시 리더를 칭찬하는 것 또한 이 '균형'을 지켜내는 일 중 하나라 생각한다.

28
직원들은
회사의 주인이 아니다

사장들은 습관적으로 직원들에게 마치 이 회사의 주인인 것처럼 일하라고 말한다. 직원들이 회사의 주인이라는 말은 누구나 숱하게 들어봤겠지만 나는 그 말이 틀렸다고 생각한다.

나 역시 판도라TV를 운영하던 시절에 내 마음처럼 일해주지 않는 직원들을 탓하기도 했었다. 한번은 한 직원에게 당시 회사의 앞날이 걸린 매우 중대한 일을 꼭 해주기를 요청했다. 그러자 그는 내 앞에서 잘 알겠다고 대답했다.

그런데 그 후 그 일은 잘 이루어지지 않았고, 이 때문에 회사는 더욱더 어려워졌다. 알고 보니 애초부터 무리가 있었던 일이었다. 그렇다면 그 직원은 왜 안 될 일을 섣불리 하겠다고 말했던 걸까?

처음에는 그 직원이 무책임한 사람이라 생각했다. 되지 않을 일을 해내겠다고 상사에게 둘러대다니, 괘씸하다고도 생각했다. 그런데 나중에 입장을 바꿔 생각해보니 나라도 그럴 것 같았다.

내가 한 회사의 직원이다. 그런데 사장이 나를 불러 지금 회사 상황이 몹시 좋지 않은데 이 일을 해낼 수 있냐고 물어본다. 과연 여기서 잘 안 될 것 같다고 답할 수 있는 사람이 몇이나 될까?

아마도 그 직원은 가능성은 적지만 최선을 다하겠다는 마음으로 그렇게 대답했을 것이다. 그리고 나름대로 열심히 방법을 찾았을 것이다. 그럼에도 불구하고 상황이 워낙 좋지 않다 보니 일이 잘 풀리지 않았으리라. 물론 그 직원이 만약 진정으로 판도라TV가 내 회사라고 생각했다면, 더더욱 절박하게 그 일을 해결하려 했을 것이다. 하지만 그는 회사의 주인이 아니다. 그는 회사의 직원으로서 최선의 선택을 했을 뿐이었다.

사장들의 에너지는 실로 강력하다. 직원들 열 명의 열정을 합쳐도 사장 한 사람의 열정을 당해내지 못할 정도다. 그런데 이는 사실 매우 당연한 일이다. 회사는 사장의 것이기 때문이다. 그런데 많은 사장들이 이 사실을 애써 외면하며 직원들에게 주인처럼 일하라고 외친다. 그러면서 직원들에게 내가 이런 말을 하는 이유는 다 직원을 위해서이며, 그래야만 나처럼 성공할 수 있다고까지 말한다.

물론 이런 사장의 말은 진심일 수도 있다. 하지만 설령 진심이라 할지라도 대부분의 직원들에게 이런 말은 그저 잔소리에 불과하다. 왜냐하면 직원들 또한 자신의 상황에 맞게 나름대로 최선의 선택을 하며 살아가고 있기 때문이다.

대부분의 직장인들은 그저 직업인 혹은 전문인으로서 단출하게 일하고 자기 시간을 많이 갖고 싶어 한다. 설사 사장이 되고 싶더라도 후에 만들 내 회사에서 일하는 것과 현재 다른 사람의 회사에서 일하는 것은 엄연히 다르다고 생각할 수도 있다.

상황이 이런데 직원들에게 '나처럼 되고 싶으면 나처럼 일하라'고 주문하는 것은 별 영향력이 없다. 성숙한 사람이라면 다른 사람의 생각이 나와 다를 수 있음을 이해하고, 상대가 원하는 것이 무엇인지 먼저 헤아릴 줄 알아야 한다. 따라서 회사를 잘 이끌고 싶다면 나처럼 성공한 사람이 되라고 강요할 게 아니라 직원들이 진정으로 원하는 것이 무엇인지 헤아리는 게 먼저다.

그래서 나는 직원들에게 언제나 이 회사의 주인은 직원들이 아니라고 말한다. 이 회사가 내 회사라고 자랑하고 싶거나 직원들을 경시해서 하는 말이 아니다. 내가 이런 이야기를 하는 이유는 이렇게 말하는 것이 오히려 직장인의 삶을 살고 있는 우리 직원들의 마음에 더 와 닿을 거라 생각하기 때문이다. 또, 그만큼 내가 그들의 입장을 이해하고 있음을 표현하고 싶어서이다.

직원들 입장에서 이상적인 회사는 무엇일까? 아마 많은 돈을 받고 적게 일하는 회사일 것이다. 사장은 이를 인정해야 한다. 그리고 직원들이 제 역할을 훌륭히 해내는 '직원다운 직원'이 되기를 바라는 것이 최선이다. 어떤 직원이 '최소 이것만이라도 제대로 해내는 사람'의 조건에 맞는다면 그는 어떻게든 우리 회사에 붙잡아둬야 하는 훌륭한 인재라 할 수 있다.

물론 그래도 여전히 직원들이 사장인 나처럼 일해줬으면 좋겠다고 생각하는 분들도 계실 것이다. 그렇다면 어떻게 해야 직원들이 사장처럼 일하도록 만들 수 있을까? 스톡옵션을 주면 될까? 판도라TV에서 나도 그 방법을 써봤다. 하지만 그래도 직원들이 회사를 내 회사처럼 생각하지는 않았다. 월급을 두 배로 주면 어떨까? 그것도 해봤다. 그러고 나면 직원들은 당분간은 예전보다 더 열심히 일한다. 하지만 그것도 일시적일 뿐이다.

좋은 회사를 만들기 위해 우리가 해야 할 일은 직원들을 사장처럼 만드는 것이 아니라, 사장과 직원의 제대로 된 역할을 이해하고 그것을 잘 수행할 수 있는 판을 만들어주는 것이다.

사장은 회사를 올바른 방향으로 잘 이끌어야 하고, 직원들이 행복할 수 있도록 항상 노력해야 한다. 직원들은 회사의 구성원으로서 자신의 맡은 바를 훌륭히 해내고, 회사와 자신의 성장을 위해 애써야 한다. 이렇게 서로 노력하면 '신뢰'는 자연스럽게 만들어진다. 이러한 기본만 잘 수행해도 우리는 얼마든지 경쟁력 있고 행복한 회사를 만들 수 있다.

29

직원들에게
닮고 싶은 선배가 되라

앞서 말했지만 나는 지난날의 시행착오 끝에 직원들의 마음을 얻는 것이 무엇보다 중요하다는 것을 절감했다. 그렇다면 어떻게 그들의 마음을 살 수 있을까?

월급을 세 배로 주면 가능할까? 절대 아니다. 이는 친구를 돈으로 살 수 없는 것과 마찬가지다. 보수가 직원들에게 매우 중요한 건 사실이지만, 일에 대한 열정이 결코 돈 액수와 비례하지는 않는다.

일반적으로 경영자들은 자기 업무 시간의 80퍼센트 정도를 직원들 관리에 쓴다고 한다. 나도 한때 그랬다. 과거에 내가 그랬던 걸 생각하면 쥐구멍에라도 들어가고 싶다. 내가 그러고 싶어서 그랬던 건 아닌데, 사실 일하다 보면 그렇게 된다. 이상하다. 그렇게 해도 지시한 일이 제대로 이뤄지지 않는 경험을 수없이 했는데도, 또다시 수첩에 메모를 하고, 사람을 관리하기 시작한다.

그렇게 하면 그 친구가 더더욱 열심히 할 것 같지만 절대로 그렇지 않다. 오히려 더 수동적으로 변할 가능성이 크다. 그리고 그런 일이 반복되면 결국 경영자는 인사권을 발동하게 된다. 이게 우리네 평범한 조직의 모습이다.

하지만 지금의 나는 내 시간의 단 1퍼센트도 직원들을 관리하거나 감시하는 데 쓰지 않는다. 대신 그들을 끔찍하게 아낀다. 직원들의 행복을 고민하고 실천하는 경영자가 되자, 신기하게도 내가 상관하지 않아도 다들 알아서 잘한다.

경영자로서 내 임무는 해야 할 일을 정확히 지시하고 직원들이 나름의 방법으로 그것을 잘 수행할 수 있게끔 도와주는 것뿐이다. 그러다 보면 때때로 내가 직접 처리한 것 이상으로 일을 잘해주는 고마운 직원들을 보게 된다. 그리고 그런 직원들은 하나같이 나를 깊이 신뢰하는 사람들이다.

직원들을 나처럼 일하게 만들고 싶은가? 그러면 잔소리를 할 것이 아니라 그들이 닮고 싶은 선배가 되라. 사람은 어떤 사람을 좋아하고 존경하면 자연스럽게 그의 일거수일투족을 따라 하게 된다. 만약 직원들이 나처럼 일하지 않고 있다면, 그것이야말로 내가 그들에게 닮고 싶은 사람이 아니라는 결정적 증거는 아닌지 성찰해볼 필요가 있다.

먼저 나서서 고기를 굽고, 사무실 바닥에 쭈그리고 앉아 이야기할 수 있는 리더. 직원들에게 교육 기회를 무한 제공하는 회사. 직원들은 바로 이런 것에 감동한다.

감정이란 건 매우 예민하고 조심스러운 부분이기에 회사의 경영자이든 팀을 잘 이끌고 싶은 중간 관리자이든 아랫사람의 마음을 얻기 위해서는 전력을 다해야 한다. 따뜻한 말 한 마디, 실수를 감싸주는 마음의 여유, 커피 한잔 타줄 수 있는 열린 자세 등이 바로 그것이다. 신뢰는 이런 작은 행동으로부터 시작된다.

요즘 내가 직원들에게 가장 많이 하는 말 중 하나는 기회만 있으면 어떤 교육이든 열심히 받으러 다니라는 것이다. 물론 금전적인 부분은 회사가 책임진다. 직원들의 성장은 곧 회사의 성장으로 이어지므로 회사는 그들의 발전에 도움이 되는 일이라면 당연히 발 벗고 나서서 지원해줘야 한다.

사무실에 흐르는 음악, 창가에 스며드는 따사로운 햇빛, 유용한 강의를 들으며 아이디어를 공유하는 테드파티, 금요일 하루는 조금 일찍 퇴근할 수 있는 자유, 이 모든 것들을 누릴 수 있으며 언제든 자기가 듣고 싶은 교육을 기꺼이 듣게 해주는 회사……. 단지 월급을 올려주기보다 이렇게 늘 직원을 배려할 때, 회사에 대한 신뢰가 더 커지는 건 당연한 인지상정이 아닐까?

어느 날 갑자기 폭설이 내려 교통이 마비될 조짐을 보였다. 그때가 오후 4시였는데 나는 박 본부장에게 문자를 보내 직원들을 바로 퇴근시킬 것을 지시했다. 직원들이 퇴근길에 '지옥철'을 탈게 뻔한 위급한 상황이었기 때문이다. 그리고 본부장은 내 문자를 받자마자 전 직원에게 퇴근을 명했다.

우리 직원들이 하루 종일 힘들게 일했을 텐데 퇴근길이 힘들면 그다음 날 컨디션에도 분명 영향을 미칠 것이다. 나는 우리 직원들이 늘 행복하고 안정된 상태를 유지하도록 노력해야 할 의무가 있다. 그리고 이처럼 직원의 행복을 위한 일만큼은 그 어느 때보다 빨리 대처하려 한다.

똑똑한 CEO는 많지만 정작 '문화 리더'가 적은 것이 대한민국의 현실이다. 이제 경영자들은 직원들을 따뜻한 시선으로 바라보고, 그들에게 마음을 표현하는 방법을 배우고, '문화 창조자'가 되는 법을 익혀야 한다. 본질을 꿰뚫어보는 통찰력, 뛰어난 영업능력, 무한대의 에너지는 회사 밖에서 보여주면 된다.

사장이라면 회사 내에서는 어버이 같은 존재감으로 직원들에게 모범이 되고 존경을 받는 것이 더 중요하다. 그리고 이를 위해서는 그 무엇보다 직원들의 마음부터 챙길 줄 알아야 한다. 감동받은 직원이 고객도 감동시키는 법이기 때문이다.

30
리더의 마음을
눈에 보이게 표현한다

에브리온TV 사내 카페의 한쪽 벽에는 모든 직원들이 환히 웃고 있는 사진이 걸려 있다. 우리 회사를 방문한 손님들은 누구나 이 작은 갤러리(?)를 한참 쳐다보곤 한다.

회사에 직원들의 사진을 걸어 놓아야겠다고 생각한 것은 나노바이오 및 의료기기 제조업체, '나노엔텍'을 방문했을 때였다. 어느 날 나노엔텍 사무실에 놀러갔는데, 한쪽 벽면에 직원들의 사진이 잔뜩 걸려 있는 것이 아닌가. 장중근 대표 말이 저마다 자신이 가장 소중히 생각하는 물건을 들고 찍었다고 한다. 푸근한 인상이 매력인 장 대표는 평소 직원들을 끔찍이 아끼기로 소문이 자자하다.

장 대표는 본인이 원래 사진 찍는 것을 좋아하는데, 취미 삼아

직원들의 사진을 한 장 두 장 찍어주면서 이런 일을 벌이게 되었다고 했다. 독사진을 찍어 각각 두 장씩 뽑아 두 개의 액자에 넣은 뒤, 하나는 회사에, 하나는 그 직원에게 주었다는 것이다. 만약 직원이 퇴사하면 어떻게 되냐고 넌지시 물어보니 그래도 그냥 둔다고 한다. 그리고 별로 걱정할 일이 없는 게 퇴사자가 별로 없단다.

나노엔텍 식구들의 정겨운 모습이 너무 부러워서 나는 우리 회사에도 당장 이런 것을 해봐야겠다고 결심했다. 그런데 불행히도 나는 그처럼 사진 찍는 재주가 없었다. 그래서 에브리온TV에서 사진을 제일 잘 찍는 직원에게 부탁하기로 했다.

그런데 직원들에게 각자 사진을 찍어 회사에 걸어놓자는 제안을 하자, 다들 뜨악한 표정을 지었다. 하지만 나의 진심을 간곡히 전하니 고맙게도 곧 '별난 사장이 어디서 또 좋은 것을 보고 왔나 보다' 하면서 호응해주었다.

그런데 직원들의 동의는 얻었지만 어떤 콘셉트로 사진을 찍어야 좋을지 쉽게 떠오르지 않았다. 그러다 문득 우리 직원들이 환하게 웃고 있는 얼굴이 떠올랐다. 앞서 계속 말했지만 내가 에브리온TV를 통해 이루고 싶은 가장 큰 목표는 '즐거운 회사를 만드는 것'이다. 그렇다면 직원들의 웃는 사진을 액자에 담아 직원들이 매일 그런 표정으로 일하고 있는지 살펴보는 것도 의미가 있으리라.

나는 곧 박성현 본부장에게 이런 생각을 전했다. 그리고 얼마 후 본부장이 나에게 사진을 보여주었다. 그런데 사진 속 모습은 내가 생각했던 것과 달랐다. 내가 원한 모습은 카메라 앞에서 짓는 어색한 미소가 아니라 친구들과 동료들과 편하게 이야기할 때, 소위 '빵 터졌을 때' 나오는, 환한 웃음이었던 것이다.

본부장에게 내 생각을 다시 말하니 그는 난처한 표정을 지었다. 대부분 그렇게 크게 웃는 모습으로 사진을 찍은 적이 없으니 꽤 민망한 상황이 연출될 게 뻔했기 때문이다.

내가 직원들의 웃는 얼굴에 집착(?)했던 이유는 사실 또 있었다. 경영 혁신 중 가장 힘든 부분은 정책이나 방침이 아닌 직원들의 사고를 혁신하는 일이다. 직원들에게 '긍정의 마인드'를 심어주기 위해서는 매우 오랜 시간 공을 들이고 기다려야 한다.

영국의 정치가, 윈스턴 처칠은 "비관론자는 모든 기회 속에서 어려움을 찾아내고, 낙관론자는 모든 어려움 속에서 기회를 찾아낸다."라고 말했다. 자동차 회사 포드(Ford)의 창시자, 헨리 포드 역시 "할 수 있다고 생각하는 사람도 옳고, 할 수 없다고 생각하는 사람도 옳다. 그가 생각하는 대로 되기 때문이다."라고 하며 긍정의 힘에 대해 이야기했다.

아무것도 아닌 것 같지만 직원들이 짜증 나고 힘들 때마다 자신이 환하게 웃고 있는 사진을 바라보면 마음에 어떤 미동이 있을 거라 생각했다. 그리고 다른 사람들이 웃는 사진을 바라보는 것만으로도 분명 긍정적인 영향이 있으리라 믿었다.

며칠 후, 박성현 본부장은 역시나 내가 생각했던 바로 그런 사진을 가지고 왔다. 즐거움과 생기가 넘치는 직원들의 얼굴을 보니 나도 절로 웃음이 나왔다. 나중에 들어보니 역시나 잘 웃지 못하는 직원들은 촬영하는 내내 엄청나게 고생을 했다고 한다. 하지만 어떤 직원은 이때 웃는 연습을 하도 많이 해서 이제는 어떤 상황에서도 자연스럽게 웃을 수 있는 경지에 이르렀다고 너스레를 떨었다.

직원들을 고생시켜서 미안했지만 그래도 그들의 환한 얼굴을 항상 볼 수 있다는 사실이 무척 기뻤다. 이로써 우리 회사의 한 벽면은 직원들의 웃는 얼굴로 가득하게 되었고, 이 벽에는 내 사진도 걸려 있다. 나 역시 내 사진을 볼 때마다 직원들 앞에서 항상 그런 표정을 지을 수 있도록 노력한다.

마음을 전달한다는 것은 참 쉽지 않은 일이다. 가족이나 친구 사이에서도 그런데 하물며 사장과 직원 사이에서는 어떻겠는가. 나노엔텍의 장중근 대표가 직원들의 사진을 직접 찍어주는 일이 참 인상적이었던 것은 그토록 쉽지 않은 일을 자신만의 방식으로 멋지게 해냈기 때문이다. 직원들을 앞에 놓고 초점을 맞추며 그들의 얼굴 하나하나에 집중하는 대표의 모습은 분명 직원들의 마음에 어떤 울림을 가져다주었을 것이다. 나는 사진 찍는 재주가 없어서 다른 사람의 손을 빌렸지만 그래도 내 마음이 그들에게 조금이나마 전달되었으리라 믿는다.

너무 상투적인 말일 수도 있지만 사랑은 곧 '표현'이다. 내가 상대에게 일방적으로 기대를 품고 있다가 나중에 그 사람이 그만큼

직원들의 환한 얼굴을 볼 때마다 나도 웃음
이 나온다. 나는 늘 직원들이 평소에도 사진
속 모습처럼 웃고 다니는지 체크하며, 그들
의 마음과 기분을 헤아린다.

해주지 않는다고 상처를 받는 것처럼 어리석은 일도 없다. 내가 좋아하는 사람과 잘 지내고 싶은가? 그렇다면 내가 먼저 감정을 표현하고 내가 가진 좋은 것을 상대에게 주면 된다.

사진을 찍는 일이 쑥스럽고 귀찮았겠지만, 나는 직원들이 그 짧은 시간만이라도 내가 그들을 늘 마음에 두고 있음을 느끼기를 바랐다. 그리고 아마도 직원들 역시 자신의 웃는 사진이 회사 벽면을 차지하고 있는 것을 보면서 내가 이 회사에서 절대 빠지면 안 되는 한 사람임을 인지하고 회사에 더더욱 헌신하겠다는 맘을 먹을 수 있으리라 믿는다.

액자를 걸면서 우리는 퇴사하는 사람이 생기면 이 액자에 검은 띠를 둘러주는 게 어떻겠냐는 농담을 하며 낄낄대고 웃었다. 그렇게 우리는 또 하나의 소중한 추억을 만들었다.

직원들에게 내 마음을 잘 표현하기 위해 내가 또 실천하고 있는 것이 있다면 바로 교육 지원이다. 사장 중에는 직원들이 도통 자기계발을 하지 않는다고 불만을 털어놓는 경우가 많은데, 이는 착각이다. 물론 정말로 자기계발에 관심이 없는 직원도 있겠지만, 경력이 쌓일수록 직원들 스스로도 공부를 게을리해서는 안 된다는 것을 절실히 느낀다. 당신이 그런 직원들의 욕구를 외면하고 있는 것은 아닐까?

직원들이 이직이나 전업을 고민하는 시점도 바로 '터닝포인트'를 원하는 때인 경우가 많다. 사장은 직원들이 일에 익숙해져 이전보다 힘을 덜 들여도 되고, 한 달에 한 번씩 월급은 꼬박꼬박 나오는 상황만을 원할 거라 생각할지도 모른다. 하지만 많은 직원이 바로 그때 무기력함을 느끼고 '변화'를 찾아나서다 이직까지 고려하게 된다. 따라서 굉장히 무리가 있는 상황이 아니라면 회사가 직원들이 스스로를 업그레이드 할 수 있는 기회를 지원해주는 것이, 회사에게도 직원에게도 이득이다.

그렇게 교육을 지원해주면 직원들은 회사에서 주는 기회를 감사히 여기고, 이를 자기계발의 기회로 삼는다. 중요한 것은 이 역시 강제가 되어서는 안 된다는 사실이다. 단기적으로는 효과가 있을지 몰라도 결국 강압적으로 하는 교육은 불만을 야기할 뿐이며, 교육이나 자기계발이 아닌 업무의 연속처럼 느끼게 된다. 그런 의미에서 우리는 업무와 직접적으로 연관이 없더라도 직원 본인이 원하는 모든 교육에 지원해준다.

또, 우리 회사 사무실 벽에는 직원들이 외부 업체에서 특정 교육을 이수하고 받은 수료증도 걸려 있다. 직원들의 성장이 곧 회사의 성장이라고 생각하는 우리의 철학을 보다 직접적으로 전달하기 위해서이다. 자녀가 상장을 타오면 집에 걸어두듯, 이 역시 아무것도 아닌 일이지만 직원들로 하여금 조금이라도 긍지를 느끼게 해주

> "업무는 현재의 돈벌이를 위한 것이지만, 자기계발은 미래를 위한 투자라고 생각합니다. 에브리온TV는 이런 자기계발을 독려해주는 회사니 당연 신의 직장이라 할 수 있겠죠!"
>
> – N스크린전문가그룹 전형진 과장

는 처사라 생각한다.

그러나 또 한 가지 당부하고 싶은 것은 교육을 받았다고 해서 그 효과가 단번에 나리라고 기대하지는 말라는 것이다. 콩나물시루에 물을 주면 밑 빠진 독에 물을 붓는 것처럼 모두 아래로 빠져버린다. 하지만 조금만 참고 기다리면 콩나물은 무럭무럭 자라난다.

직원들 또한 마찬가지이다. 그들에 대한 지원이 아무 소용 없는 일처럼 느껴진다 해도 인내심를 발휘하면서 계속 기다려라. 그러다 보면 어느새 직원들은 각자의 위치에서 빛나기 시작한다. 직원들이 자신의 능력을 발휘할 수 있는 날을 참고 기다리는 것, 이 또한 리더가 가져야 할 덕목 중 하나이다.

31
믿을 만한 형이 되어준다

사회생활을 처음 시작하는 사람들이 종종 듣는 말 중 하나는 직장 내에서는 인간관계를 깊이 맺지 말라는 것이다.

사실 회사에서 접하는 사람들은 자신이 원해서가 아니라 어떤 이해관계에 의해 만나게 된 사람들이다. 이렇다 보니 인간적으로 너무 가까우면 의사 결정을 하는 데 방해가 되기도 하며, 사생활이 많이 노출되면 나중에 그것이 약점으로 작용하기도 한다.

나도 오랫동안 이와 비슷한 생각을 해왔다. 특히 나는 사장이니까 모든 직원을 공정하게 대하기 위해서는 특정 직원과 너무 친해져서도 안 되고, 사장으로서의 권위를 지키기 위해서는 사생활을 너무 드러내서도 안 된다고 생각했다. 그리고 이것이 프로다운 처사라 생각했다.

하지만 사업에 큰 어려움을 겪고 나자, 이런 생각은 크게 변했다. 어려움에 처했을 때 기꺼이 도와주는 사람은 서로 격식과 예의를 차리는 사람이 아니라, 서로 볼 꼴 못 볼 꼴 다 본 사람들이다. 회사에 위기가 닥쳤을 때도 마찬가지였다.

참 신기하게도 내가 직원들과 거리를 유지하면, 직원들도 그만큼 나에게 거리를 유지한다. 직원들이 날 멀리한다면 그건 일차적으로 내가 그렇게 만든 것이다. 나는 이런 상황을 꼭 바꿔야겠다고 생각했다.

어려운 시기를 보내고, 나는 이전과는 다른 태도로 직원들을 대하기로 했다. 바로 그들과 '친구가 되는 것'이다. 내가 이렇게 변한 것은 위기를 통해 회사라는 것이 어느 한 사람만의 힘으로 절대 이끌어갈 수 있는 게 아니라는 사실을 처절히 깨달았기 때문이다. 경영자로서 내가 가장 먼저 해야 할 일은 장부의 숫자 하나를 더 확인하는 것이 아니라, 우리 회사와 함께해줄 '사람'을 얻는 것이다.

앞에서도 수차례 언급되었던 박성현 본부장은 에브리온TV의 전체 살림을 맡고 있는 유능한 친구다. 원래 뉴미디어와 콘텐츠 분야에서 일하던 인재로 2010년 판도라TV에 입사했는데, 미팅을 위해 함께 이동하던 차 안에서 방송 통신 시장에 대한 얘기를 나누다가 스마트폰 기반의 TV 사업을 맡기면 좋겠다는 생각을 했다. 그리고 그는 그때를 기점으로 에브리온TV를 이끌게 되었다.

당시 나는 박 본부장의 얘기를 듣고 그가 바로 새로운 사업의 적임자임을 간파했다. 그리고 곧 그와 좋은 관계를 만들기 위해 그가 당시 한창 빠져 있던, 골프를 이용하기로 했다.

나는 곧 본부장에게 골프 레슨을 해주겠노라고 말했다. 그리고 퇴근 후 근처 스크린 골프장에서 골프뿐 아니라 사업에 대한 노하우까지 함께 전수해주면서 우리는 스승과 제자가 되었다.

이렇게 그가 가장 좋아하는 취미를 함께하면서 우정을 쌓은 결과, 에브리온TV에서도 우리의 관계는 계속 잘 유지되었다. 골프 실력이 늘어가는 만큼 본부장은 어느새 내 말귀를 가장 잘 알아듣고 나를 진심으로 믿고 따라주는 사람이 되어 있었다.

그리고 우리는 서로 '형님', '동생'으로 칭하지 않을 뿐, 정말로 서로를 형제처럼 여기는 가까운 사이가 되었다. 그렇다. 우리의 만남은 상사와 부하직원이 아닌, 사람과 사람의 만남이었다. 그 후 나는 본부장이 누구보다 열정적이고 헌신적으로 에브리온TV를 이끄는 모습을 보면서 내가 그 어떤 사업적 성취보다 중요한 일을 해냈음을 알았다. 이로써 진정한 한 사람을 얻은 것이다.

어쨌든 나는 지금도 직원들에게 우리 회사가 오래 머물고 싶은 따뜻한 일터가 되도록, 내가 직원들에게 항상 만나고 싶은 좋은 친구가 될 수 있도록 늘 노력하고 있다. 그래서 나와 함께 일하는 직원들이 현재 어떻게 살고 있는지, 어떤 것을 좋아하는지, 자신이 하고 있는 일을 통해 이루고 싶은 것은 무엇인지 등 그들에게 항상 관심을 갖는다. 일단 그 사람에 대해 잘 알아야만 그와 친구가 될 수 있기 때문이다.

《포브스》지가 선정한 '미국을 만든 비즈니스 영웅 20인' 중 유일한 여성 기업가, 메리 케이 애시(Mary Kay Ash)는 "P&L은 손익계산서(Profit & Loss)가 아니라 사람과 사랑(People & Love)이다."라고 했다. 나 역시 손익계산서만큼이나 사람과 사랑을 무겁게 여기는 것이 경영의 기본 자세라 생각한다.

한번은 판도라TV에서 이런 일이 있었다. 무척 유능한 직원이 어찌된 일인지 마음의 벽을 세우고 있는 것같이 느껴졌다. 직원 모두 편안한 차림으로 출근을 하는데도 그는 늘 정장을 고수했고, 다들 나를 형처럼 편하게 대하는데도 그 직원만은 나를 깍듯하게 모셨다. 물론 그게 꼭 잘못된 것은 아니지만 나는 그가 회사에서 좀 더 편안하게 지냈으면 하고 바랐다.

그러던 어느 날 그를 불러서 물어보았다.

"○○씨는 아직 우리 회사 다니는 게 좀 불편한가요? 다들 편안하게 집처럼 생각하며 지내는데, ○○씨는 좀 격식을 차리는 것 같아서요."

"아, 회사 다니는 게 불편하거나 그런 건 아니고요. 회사는 회사니까 지킬 건 지켜야 하잖아요. 그리고 제 성격이 막 풀어놓고 그런 걸 잘 못 해요."

"○○씨, 올해 목표가 뭔가요?"

"아직 다 정하지는 못했는데요……."

"내가 올해 목표를 정해줘도 될까요?"

"네? 아, 네……. 어떤 걸로 하면 좋을까요?"

"거지같이 살자, 어때요?"

"네에?"

"그냥 올해는 편하게 한번 지내봐요. 좀 없어 보여도 상관없으니까 옷도 내키는 대로 입고, 일할 때도 틀에 얽매이지 않고 해보는 거예요."

그 후로 이 친구는 어떻게 되었을까? 그는 편안한 차림으로 회사를 나와 동료들과 살갑게 지내고 있으며, 누구보다 톡톡 튀는 아이디어를 많이 내는, 에브리온TV의 일원이 되었다.

회사에서 만나는 모든 사람들은 우리가 살아가면서 만나는 수많은 소중한 인연 중 하나다. 아니, 생각해보면 우리는 직장을 통해 절대적으로 많은 인연을 만난다. 따라서 인생을 풍요롭게 만들기 위해서는 회사에서 만나는 사람들과도 진심 어린 관계를 맺는 것이 좋다. 그리고 그러다 보면 실제로 형제, 자매처럼 가까운 관계로 발전하기도 한다.

물론 실제로 나를 형이라고 부르는 직원은 없다. 하지만 어느 순간 '이 친구가 나를 진실로 믿을 만한 형처럼 여기는구나.' 하고 느낄 때가 있다. 그리고 이때가 바로 내가 경영자로서 한 명의 인재를 얻는 순간이라 생각한다.

시간이 지날수록 다른 사람을 내 옆에 두고 그 사람과 계속 함께 간다는 것이 얼마나 어려운 일인지를 깨닫는다. 그러므로 리더는 언제나 사람을 갈구해야 한다. 어떤 일을 하든 일의 성패는 결국 당신과 함께하는 사람들에게 달려 있기 때문이다. 이것이 바로 내가 모든 직원들에게 언제나 좋은 형이 되기 위해 노력하는 이유다.

사적인 교류로
리더와 가까워진다

●● 의장님이 나와 관계를 돈독히 하기 위해 가장 먼저 한 일은 내가 좋아하는 취미를 함께 즐긴 것이었다. 의장님께서 오랜 시간 조직을 이끌면서 가장 중요하게 생각한 것이 바로 '사람'이었고, 사람의 마음을 얻는 것이야말로 조직을 이끄는 데 있어 가장 중요한 부분임을 절실히 깨달았기 때문이다. 단순히 상사와 부하가 아닌 신뢰를 바탕으로 한 인간관계를 맺었을 때, 조직의 목표 또한 빨리 달성할 수 있다는 것이 의장님의 철학이다.

의장님은 그렇게 나와 '놀아주는 것'으로부터 '인간적인 관계'를 맺는 데 성공했고, 나에게 진심을 다함으로써 나 역시 당신을 진심으로 따르게 만들었다. 그 결과, 나는 의장님을 '형님'으로 부르지만 않을 뿐, 늘 형님처럼 느끼며 따르고 있다.

내가 좋아하는 취미 생활을 더 잘할 수 있도록 도와주고, 나의 가족에게 정성을 다해 식사를 대접하는 리더를 그렇지 않은 리더보다 더 따르게 되는 것은 당연한 인지상정일 터.

그분의 이러한 시도는 그동안 내가 갖고 있던 '공과 사'의 개념을 바꿔놓는 데 충분했다. 그리고 형을 형이라 부르지 않고, 동생을 동생이라 부르지 않을 뿐, 마음만큼은 조직의 리더를 형이라 생각하고, 부하직원을 동생이라 생각할 수 있어야 한다는 인간지사의 원리를 깨닫게 되었다.

사람의 마음을 얻는 것이 얼마나 중요한지 피부로 느끼고 이를 실천에 옮긴 리더, 그리고 그러한 리더에 대한 믿음을 바탕으로 따르되 '공적인 관계'가 결코 무너지지 않도록 노력하는 팔로워의 만남은 결국 즐거운 회사를 만드는 데 일조할 수밖에 없으리라.

32
사람은 변할 수 있다는 믿음을 가져라

에브리온TV를 설립한 이후, 서비스 기획 업무를 담당하는 직원이 필요하게 되었다. 판도라TV에 서비스 기획 업무를 맡은 뛰어난 인재가 많아 인사담당자에게 해당 업무를 맡을 직원을 한 명 보내달라고 요청했는데, 그는 내게 이렇게 물었다.

"의장님, 어떤 사람으로 보내드릴까요?"

"글쎄, 그냥 알아서 보내주세요."

"그래도 특별히 원하는 사람이 있지 않으세요? 반드시 어떤 건 다룰 줄 알아야 한다든지, 대외 업무가 많으니까 좀 외향적인 사람이 좋겠다든지……."

"그런 거 없어요. 그냥 사람이면 됩니다."

"네에?"

농담으로 하는 말 같지만 진심이었다.

나와 함께 일할 사람은 그냥 눈, 코, 입 달려 있고 사지가 멀쩡한 사람이면 된다. 이게 무슨 황당한 소리냐고 할지도 모르겠다.

오래 회사를 운영하면서 나는 사람을 뽑을 때 이런저런 조건을 내세우는 게 별 의미가 없다는 것을 배웠다. 한 업계에서 어느 정도 경력을 쌓은 사람들의 역량에는 대체로 큰 차이가 없다. 이런 사람들의 능력을 어떻게 끌어낼 것인가는 그 사람의 몫이 아니라 경영자의 몫이다.

흔히 사람은 절대 변하지 않는다고 말한다. 나 역시 몇 년 전까지만 해도 그렇게 생각했다. 그래서 소극적인 사람을 적극적으로 만들 수도 없고, 성과가 안 좋은 사람이 성과를 잘 내도록 이끄는 것도 불가능하다고 생각했다.

하지만 이제는 그 생각이 바뀌었다. 마음을 열고 진심을 다해 다가가자 눈부시게 하루하루 달라져가는 직원들을 무수히 목격했기 때문이다.

경영자의 태도가 바뀌고, 직원들을 둘러싼 환경이 바뀌고, 이로써 전체 구성원들의 생각이 바뀌면 똑같은 사람이라도 두 배, 세 배의 매출을 낼 수 있다. 내가 달라지면 평범하고 눈에 띄지 않았던 직원도 누구보다 열정적이며, 끊임없이 치열하게 노력하는 전문가로 거듭날 수 있다.

원래 나는 매우 엄하고 단호한 편이라 예전에는 직원들이 날 무서워했다. 하지만 에브리온TV에서는 그러지 않기 위해 부단히 노력했다. 이처럼 다른 사람을 변화시키고 싶다면 나부터 먼저 변해야 한다. 내가 다가가기 어려운 무서운 리더면 직원도 절대 나한테 마음을 열 리가 없다. 물론 그런 척은 할 수 있을지도 모르겠다.

아무리 무능해 보이는 직원이라도 사람은 누구나 저마다의 능력이 있다. 그리고 그 능력이 때로는 일과 상관없는 경우도 있다. 하지만 이제 나는 그런 건 개의치 않는다. 뭐든 잘하는 부분을 찾아내면 그 점을 계속해서 칭찬한다. 일과 전혀 무관한데도 칭찬하고 띄워주면 직원 입장에서는 당연히 기분이 좋아질 수밖에 없다. 그리고 나는 그런 작은 노력에서부터 신뢰가 쌓인다고 생각한다.

직원들은 모두 '신이 내려준 선물'이다. 그러니 그 사람이 가지고 있는 재능을 칭찬하는 건 당연하다. 이렇게 내가 조금씩 변하고 상대를 존중하자, 상대 역시 나에게 마음을 열고 서서히 변하기 시작했다.

나는 이 모든 것이 윗사람 하기 나름이라 생각한다. 하지만 대부분의 윗사람들은 그렇게 생각하지 않는다. 그렇게 노력해봤자 소용없다고 단정 짓는다. 만약 그렇게 했는데 잘 안 됐다면 당신이 무언가를 바라고 마음을 여는 '척'을 했기 때문일 수도 있고, 방법이 잘못된 것일 수도 있다는 걸 꼭 알았으면 한다.

또, 직원에 대해 너무 큰 기대감을 가져서도 안 된다. 그들 역시 평범한 한 사람에 불과하다는 것을 잊지 말아야 한다. 아무리 능력이 좋고 회사에 헌신하는 직원이라도 결국엔 편한 길을 추구하고 이익을 좇으며 행복을 바란다. 그리고 공정하지 못한 일에 분노하며 신세 진 일이 있으면 갚고 싶어 한다. 조직 내에서의 역할과 성향에 따라 조금씩 정도에 차이가 있을 뿐, 인간이 추구하는 것은 대체로 비슷하다.

직원들을 변화시킨다는 것은 모든 것을 내 입맛대로 바꾸는 게 아니라, 이러한 인간의 기본적인 욕망을 모두 인정한 채 그들이 원하는 것에 최대한 다가갈 수 있게 최선을 다하는 것이다.

예를 들어 회사에 급한 프로젝트가 있는데 그 일을 맡은 팀의 팀원 중에 하나가 퇴근 시간이 되자마자 이만 집에 가보겠다고 말하는 상황을 떠올려보자. 대부분의 상사는 그 직원에게 화를 낼 것이다. 그러나 신뢰관계가 구축된 회사라면 이런 모습이 연출되리라.

"팀장님, 저 퇴근 시간이 되어서 먼저 들어가보겠습니다."

"지금 들어가야 된다고요? 혹시 무슨 일이 있나요?"

"그건 아닙니다만……."

"지금 하고 있는 프로젝트가 곧 마감인 걸로 아는데, 그건 협의가 되었는지 궁금하네요. 알아서 잘하셨으리라 믿지만요."

이렇게 부하직원의 업무 진행 상황을 잘 파악하고 있을 뿐 아니라, 그에 대한 믿음이 있기 때문에 우선 그 사람에게 무슨 사정이 있을 거라 생각한다.

누가 사장인지 누가 직원인지 알기 어려운
회사가 좋은 회사가 아닐까? 직원들과 옷을
맞춰 입고 다니는 것만으로도 나는 그들과
하나가 된 것 같다.

그가 일이 있음에도 일찍 퇴근하는 데에는 분명 말하기 곤란한 사정이 있을 것이다. 가족 중에 누가 아프거나 거래처로부터 받기로 한 자료를 받지 못해서일 수도 있다. 아니면 컨디션이 좋지 않아서, 심지어는 야근이 너무 많은 회사에 경종을 울리고자 칼퇴근을 하는 걸 수도 있다.

직원은 결코 아무 이유 없이 상식에서 벗어난 행동을 하지는 않는다. 다른 팀원들이 바쁘게 일하고 있는 걸 뻔히 아는데도 일찍 퇴근을 하겠다고 말하는 그 역시 많은 고민 끝에 퇴근하겠다는 말을 꺼냈을 것이다.

미국 사회심리학자 엘리스 아이센(Alice M. Isen)은 필라델피아를 돌면서 공중전화 박스에 일부러 10센트의 잔돈을 남겨놓는 실험을 했다. 그리고 이 잔돈을 우연히 갖게 된 사람들이 공중전화 박스에서 나와 한 여자가 서류 뭉치를 바닥에 떨어뜨려 허겁지겁 줍는 모습을 보았을 때, 어떻게 행동하는지를 살펴보았다.

실험 결과, 참가자의 80퍼센트 이상이 그 여자를 도와주었다. 그렇다면 공중전화 박스에서 동전을 얻지 못한 사람들은 어땠을까? 오직 4퍼센트만이 서류를 줍고 있는 사람을 도와주었다고 한다.

이 실험 결과가 시사하는 바는 무엇일까? 긍정적인 상황에 있는 집단이 그렇지 않은 집단에서보다 남을 도울 가능성이 더 높다는 것이다. 즉, 사람의 행동은 환경에 큰 영향을 받는다.

자신을 믿고 지지해주는 분위기에서는 누가 시키지 않아도 주변 사람들에게 보답하려 한다. 반면, 항상 서로를 감시하고 내가 원하는 것만 하겠다고 하는 분위기에서는 자연스레 서로에게 방어적인 태도를 취하게 된다. 조직에 변화를 주기 위해 새로 경력사원이나 신입사원을 뽑아도 회사의 분위기가 쉽게 바뀌지 않는 이유가 바로 여기에 있다.

내가 사람을 뽑을 때 그냥 사람이면 된다고 한 이유 역시 마찬가지다. '어떤 사람이 들어오느냐'보다 중요한 건 '내가 어떻게 그 사람을 받아들이느냐'이다. 회사의 분위기를 만드는 사람은 제일 먼저 경영자, 그리고 그다음이 팀의 책임자이다. 이들이 서로 협력하면서 긍정적이고 건설적인 분위기를 조성해놓으면 그 회사에는 누가 들어오든 잘될 수밖에 없다.

얼마 전에 우리 회사에 이런 일이 있었다. 신 사업을 위한 팀이 꾸려졌는데 팀장이 한 팀원과 너무 맞지 않아 도저히 같이 일을 할 수가 없다고 털어놓은 것이다. 이는 경영자들이 가장 난감해하는 상황 중 하나이다.

이때 나는 그 팀장이 팀원으로 있던 시절의 이야기를 해줬다. 당시 그의 상사 또한 내게 와서 그와는 도저히 같이 일을 하지 못하겠다고 했던 것이다. 당시 그 팀장은 꽤 원칙적인 사람이었던 반면, 그는 자유로운 스타일이었기 때문에 계속 마찰이 일어났던 것 같았다. 나는 그때 그 팀장에게 그래도 정말 좋은 친구이니 좀 더 시간을 갖고 믿음을 가져보라고 했다.

여태까지 모르고 지냈던 과거의 이야기를 듣자, 그의 표정이 썩 좋지는 않았지만 그 역시 어쨌든 알겠다고 하고 물러섰다. 그리고 어찌 된 일인지 그 뒤로는 팀워크에 대한 잡음이 들리지 않았다.

우리 회사 역시 다른 회사처럼 수없이 많은 문제가 발생한다. 하지만 우리 회사만의 강점이 있다면 우리는 조직 내 누구도 차별하지 않고, 일단 그 사람의 입장에서 생각해보기 위해 노력한다는 것이다.

다들 알다시피 평생직장의 시대는 이미 끝난 지 오래다. 우리 회사만 해도 다양한 회사에서 여러 가지 경험을 한 친구들이 모여서 일한다. 이런 상황에서 탄탄한 팀워크를 만든다는 것이 쉬운 일이 아니다.

그래도 방법이 없는 것은 아니다. 회사가, 경영자가, 윗사람이 먼저 마음을 열고 아랫사람들에게 다가가면 된다. 절대 거창하지 않다. 내 입장을 생각하기에 앞서 그 사람의 입장이 되어보는 것, 그뿐이다. 누구나 행복하기 위해 회사에 나오기 때문이다.

33

우리는 모두
기획자이다

에브리온TV와 같은 IT 회사는 보통 기획팀, 개발팀, 디자인팀, 사업팀으로 나눠져 있다. 기획팀은 상품의 콘셉트를 생각하고, 개발팀은 그 생각을 프로그램으로 만들고, 디자인팀은 각 상품에 어울리는 옷을 입히고, 사업팀은 완성된 상품을 시장에 파는 식이다. 특히 IT 관련 서비스를 개발하는 회사에서는 수없이 다양한 의견이 계속해서 나오기 때문에 구성원 간의 원활한 커뮤니케이션이 매우 중요하다.

IT 기업에 근무하시는 분들은 아마 크게 공감할 것이다. 기술적 지식이 부족한 기획자는 개발의 세세한 부분을 잘 알지 못하고, 개발자는 기획자가 원하는 것을 현실화시키는 데 있어 어려움을 호소

한다. 그리고 이런 문제로 인해 생기는 갈등은 이 업계에서 흔하디
흔한 일이다.

사실 가장 큰 문제는 '일정'에서 비롯된다. 기획자가 원하는 일
정과 개발자들이 생각하는 일정을 일치시키기란 쉽지 않은 일이기
때문이다. 기획자는 자신이 생각하는 새로운 아이디어가 빨리 눈앞
에 나타나기를 바라지만, 개발자는 먼저 그것을 구현하는 데 얼마
나 시간이 걸릴지부터 계산하며 한숨짓는다. '오늘 일찍 퇴근하기는
글렀구나.' 하면서 말이다.

이런 상황이 계속되면, 기획자는 조금이라도 빨리 결과물이 나
오기를 재촉하고, 개발자는 기획자가 지난주에 던져준 기획조차 시
작도 하지 않았음을 상기시킨다. 그러면서 기획자의 아이디어에 대
해 '기술적으로 불가능하다', '유저가 좋아하지 않을 것이다'와 같은
이유를 나열하며 자신의 칼퇴근이 방해받지 않도록 방어막을 친다.
그리고 그때부터 악순환은 시작된다.

이처럼 기획자의 욕심과 닫혀 있는 개발자의 마음이 만났을 때,
서비스는 발전하기 어렵다. 그리고 이 상황에서 경영자가 암만 "기
획자는 개발자의 마음을 이해하고, 개발자는 기획자의 생각을 헤아
려야 한다"고 외쳐봤자 상황은 결코 호전되지 않는다.

그래서 나는 에브리온TV에 기획자를 없앴다. 엄밀히 말하면
'모두가 기획자'인 셈이다. 기획하는 사람도 없이 사업을 하다니, 황

당한 이야기로 들릴지도 모르겠다.

사실 IT 회사에서 기획자 없이 서비스를 만드는 것은 불가능하다. 기획자가 처음 상품의 콘셉트를 만들면 기획자를 중심으로 개발팀, 디자인팀, 사업팀을 조율하며 서비스를 만들어가는 것이 일반적인 모습이기 때문이다.

대부분의 기획자는 항상 최고와 최선만을 염두에 둔다. "당신이 원하는 집을 그려오세요."라는 주문을 받은 기획자는 방이 스무 개쯤 있고, 수영장과 미니 골프장이 딸린 5층짜리 집을 그려온다. 그러면 이 집의 설계도를 받은 개발자는 그것을 본 즉시 한숨부터 내쉰다.

'우리가 소유하고 있는 땅은 30평 남짓이고 늦어도 한 달 이내에는 집을 완공해야 하는데, 현실을 몰라도 너무 모르는구먼? 기획자에게 방 두 칸에 단층짜리 집을 짓는 게 더 낫다고 해야겠는데?'

기획자와 개발자의 괴리는 이상과 현실의 차이만큼 크다. 하지만 기획자가 없다면, 즉 개발자가 직접 기획을 하게 된다면 어떻게 될까? 현실적인 상황을 최대한 고려함과 동시에 고객이 원하는 집을 무엇인지도 치열하게 고민하지 않을까?

기획자를 따로 두고 일하면 혁신적이고 창조적인 아이디어를 많이 발굴해낼 수 있다는 장점이 있지만, 서로의 의견을 조율하는 데 너무 많은 시간과 에너지가 들어간다는 단점도 있다. 무엇보다 이 방식은 현재의 모바일 환경에 어울리지 않는다. 인터넷이 전부였던 웹 시대에서는 기획자 한 사람이 상품을 기획하는 것이 충분히 가능했다. 그러나 이제 IT 환경은 안드로이드, IOS, 웹, 모바일웹, 스마트TV, 맥 등 너무나 다양해져 사실상 기획자 한 사람이 모든 상황과 일정을 조정하는 일은 거의 불가능한 게 사실이다.

그래서 우리는 회사 구성원 모두가 기획자가 되는 길을 택했다. 물론 모두가 기획자가 되는 그 과정이 결코 순탄하지는 않았다. 파워포인트로 잘 정리된 설계도, 즉 기획서대로 개발을 해왔던 개발자들은 기획이라는 업무까지 추가되자, 기획서가 없어 작업 효율성이 떨어진다는 불만의 소리를 내놓기 시작한 것이다.

계속해서 기존의 시스템을 고집하는 개발자들을 위해 나는 특단의 조치를 내렸다. 무엇보다 개발자에게도 기획서 작성의 어려움을 알려줄 필요가 있다고 판단했다. 그래서 그들에게도 기획자들이 종전에 했던 것처럼 잘 정리된 파워포인트 기획서를 만들어오라고 지시했다. 기획서가 필요하면 직접 만들라고 처방을 내린 것이다.

그러자 개발자들은 역시나 "차라리 기획서 없이 개발하는 편이 낫겠다"고 반응했고, 점차 기획서 없는 기획에 적응하기 시작했다. 그리고 이것은 자연스럽게 에브리온TV의 개발 프로세스가 되었다.

> "회의 시간에 눈치 보지 않고 에브리온TV 광고를 래핑한 버스를 강남역 앞에 불법주차를 해 광고 효과를 도모하자는 의견을 내고, 업무 시간이 끝나고 회사 스마트TV에 위닝을 연결해서 게임 배틀하는 회사, 보신 적 있으신가요?"
>
> **– 서비스마케팅팀 탁민희 매니저**

그렇게 결국 우리는 기획팀뿐 아니라 기획서를 쓰는 일까지 없 앴다. 그리고 여러 사안에 대해 즉각적으로 아이디어를 내고, 그 자 리에서 바로 의사결정까지 마치는 시스템을 만들어나갔다.

우리는 이렇게 다 같이 모여서 하는 기획 회의를 '스크럼 (scrum) 회의'라고 부른다. 스크럼이란 여럿이 팔을 끼고 횡대를 이 룬다는 뜻으로, 말 그대로 서로 어깨를 맞대고 동등한 관계에서 의 견을 나누는 회의이다.

스크럼 회의는 특별한 일이 없는 한 매일 아침 10시에 이루어 지며, 전 직원이 모여 각자 의견을 내놓는다. 모두가 모인 자리에서 결정된 일이니 결정이 번복되는 일도 거의 없고, 각 팀의 사정을 서 로 더욱더 잘 이해할 수 있어 유용하다.

만약 전 직원이 아니라 이해 당사자들만 미팅을 하면 어떤 일 이 발생할까? 이 자리에서 배제되는 팀이나 구성원이 먼저 진행하 고 있던 프로젝트가 있을 경우, 새롭게 부여된 미션은 추진하기 어 려워진다. 사무실에서 다음과 같은 대화가 난무할 것이 뻔하기 때 문이다.

"아직 A프로젝트가 끝나지 않아서요. 새롭게 제안하신 프로젝 트는 당분간 진행하기 힘들 것 같습니다."

"그럼 ○○팀에 먼저 협조를 구하고 우선순위를 바꾼 후 다시 협의하시지요."

따라서 스크럼 회의는 '지금 우리에게 그 무엇보다 중요한 업

우리는 저마다 다른 직책과 이름을 갖고 있지만, 에브리온TV에
서만큼은 모두가 기획자이다.

무가 무엇인지'를 미팅 구성원들이 협의하는 자리라 할 수 있다. 그리고 그 자리에서 우선 진행하기로 결정된 프로젝트는 모두 함께 힘을 모아 추진하는 것이 원칙이다. 기존의 회의가 '자신에게 중요한 일'을 중심으로 진행되었다면, 스크럼 회의는 '우리에게 중요한 일'을 찾아가는 과정인 셈이다.

이렇게 모두가 기획자가 된 후, 우리 회사는 보다 빠르게 일을 진행할 수 있는 체계를 구축하게 되었다. 그리고 에브리온TV 캐스트, 팟캐스트 채널 서비스 등 새로운 기술과 혁신적인 서비스를 가장 먼저 선도해나갈 수 있게 되었다.

심지어 우리 회사에서는 개발자들이 '경쟁적으로' 일정을 앞당기기 위해서 노력하는 경우도 다반사다. 자발적으로 주말에 나와서 일하는 것은 물론이고, 각 플랫폼 개발자들 간에 서로 먼저 결과물을 보여주기 위해 노력한다. 난 지난 20년간 이런 모습을 본 적이 없다.

각자 능동적으로 의사결정을 하는 문화는 우리 모두를 행복하게 한다. 우리는 이처럼 모두 자신의 일을 아끼고 사랑하고 서로를 존중하면서 최고의 직장을 만들기 위해 전진하고 있다.

34
디테일한 지시로 실행력을 높인다

보통 우리는 디테일이 강한 사람을 깐깐하다고 말한다. 더구나 같이 일하는 상사가 너무 디테일하면 '아, 저 사람 때문에 피곤해 죽겠네.'라며 불만을 품기도 한다.

그러나 그럼에도 디테일은 매우 중요하다. 박성현 본부장 역시 아주 디테일한 사람이다. 그는 내가 큰 그림을 말하면 그것을 쪼개고 쪼개 그 일이 반드시 성사되도록 만든다. 즉, 부하직원에게 매우 디테일하게 지시를 함으로써 아랫사람이 그것을 실천할 수밖에 없게끔 하는 것이다. 본부장의 이런 지시 방식은 에브리온TV를 실행력이 뛰어난 회사로 만드는 데 큰 영향을 끼쳤다.

한번은 내가 박성현 본부장에게 다음과 같은 쪽지를 건넸다.

우리 회사에 청소하는 분이 따로 없으니 직원들이 청소에 신경을 좀 썼으면 좋겠다는 생각에서 말한 것이다. 그 후, 에브리온TV 사무실은 언제나 청소를 막 마친 것처럼 깨끗하게 유지되었다.

그래서 나는 어느 날 직원들에게 내 뜻을 잘 따라줘서 고맙다는 말을 전했다. 그런데 직원들 말이 청소를 하지 않고는 못 배긴다는 것이었다. 바로 박성현 본부장의 디테일한 지시 때문이었다.

박성현 본부장은 직원들에게 청소를 시킬 때 그저 "각자 자기 자리를 청소해 주세요."라고 하지 않고 아주 구체적으로 말한다고 한다.

"내일 회사에서 이사회가 있으니 오늘 오후 1시 다 같이 맡은 구역을 청소해주세요. 각 팀장님들께서는 오후 6시 전까지 팀원들의 청소 상태를 확인해주시고, 전 직원은 각자 자신이 맡은 청소 구역을 사진으로 찍어 제 이메일로 보내주시기 바랍니다."

윗사람이 이렇게 꼼꼼하게 지시를 하니 제아무리 뺀질대는 직원이라도 ─ 물론 우리 회사에 그런 직원은 없지만 ─ 청소를 하지 않을 재간이 없는 것이다.

아마 '직원들 참 피곤하겠다'라고 생각하는 분도 있을 것이다. 하지만 팀 내에서 누군가는 청소를 하는데 누군가는 하지 않고, 제 때에 이루어지지 않은 청소 때문에 상사는 화를 내고, 그 앞에서 아랫사람은 고개를 숙이는 상황이 비일비재해지는 걸 상상하면 어떤 게 더 나은지 파악하는 건 어렵지 않으리라 생각한다

좋은 상사는 명확하게 지시함으로써 혼선이 없게 만든다. 정확한 지시를 하는 것과 사사건건 간섭하는 것은 전혀 다르다. 상사가 정확한 지시를 한다는 것은 당사자도 방향성을 분명히 알고 있고, 그것을 수행할 사람에게 적합한 일을 적시에 부여한다는 것을 의미한다. 그러나 간섭을 한다는 것은 상사가 자신의 역할과 팀원의 역할을 제대로 구분하지 못하고, 본인도 왜 그 일을 해야 하는지 잘 이해하고 있지 못하고 있음을 뜻한다.

리더라면 제대로 일을 해내기 위해서 자신이 이끌고 있는 조직이 어떤 방향으로 나아가야 하는지를 정확히 인지하고, 그것을 성취하기 위한 계획을 재빨리 수립할 수 있어야 한다.

한번은 본부장이 지시의 디테일이 얼마나 중요한지 깨닫고 싶어 직접 실험을 해보았다고 한다.

먼저 본부장은 전 직원에게 "각자 책상을 청소해주세요."라고

지시했다. 그러자 전 직원의 20퍼센트 정도가 움직였다.

둘째 날에는 "오늘 오후 1시에 각자 책상을 청소해주세요."라고 했다. 지시에 '시간에 대한 디테일'을 추가한 것이다. 그 결과, 전체 직원의 40퍼센트 정도가 반응하였다.

셋째 날에는 "오늘 오후 1시에 각자 책상을 청소한 후, 각 팀장님께서 확인해주세요."라고 했다. 이때는 전체 직원의 70퍼센트 정도가 따랐다고 한다.

그리고 마지막으로 내린 지시는 바로 앞서 언급했던 것이다(264쪽 아래). 결과는 어땠을까? 전 직원 모두 이를 수행하였다.

업무 또한 마찬가지다. "금주까지 영업 제안서를 작성해주세요."라고 지시하는 것과 다음과 같이 말하는 건 확연히 다르다.

"이번 주 금요일 오후 2시까지 L사에 제안할 영업 제안서가 필요합니다. L사는 현재 ○○라는 신제품을 출시해 마케팅을 새롭게 준비하는 중인데, 우리의 광고상품 중 프리롤 광고를 제안하면 효과가 있을 것으로 보입니다."

이와 같이 지시를 내리면 결과는 당연히 달라진다. 이처럼 디테일하게 커뮤니케이션을 하면 서로의 오해를 최소화할 수 있어 쓸데없는 일에 시간을 허비하는, 소위 '삽질'을 최대한 줄일 수 있다.

기업의 문화는 곧 기업의 '습관'이다. 예를 들어 상사가 늘 애매모호하게 지시를 내리고 결정을 미루는 일이 팽배한 회사에서는 부하직원들 역시 오직 상사의 기분에 맞춰 일하고, 중요한 결정은

박성현 본부장의 디테일한 지시에 전 직원은 제 시간 내에 이렇게 사진을 찍어보냈다. 상사의 명확한 지시는 실행력과 업무 효율을 높인다.

최대한 뒤로 미루는 습관을 갖게 된다. 그리고 이런 것들이 쌓여 그 기업의 악습이 된다. 우리 회사가 구체적인 행동을 이끌어내는 여러 리스트를 만들고, 놀랄 만큼 꼼꼼하게 업무 지시를 하는 것 역시 모두 '양질의 습관'을 만들어내기 위해서다.

디테일한 지시는 업무 곳곳에도 스며들어 매사에 디테일을 챙기는 문화를 창출해낸다. 위대한 기업 애플을 만든 스티브 잡스는 상상을 초월할 정도로 디테일에 집착했다고 한다. 명품 포장을 방불케하는 제품 케이스, 작은 부속 액세서리조차 허투루 만들지 않는 그의 집요함은 분명 직원들에게도 디테일의 중요성을 일깨웠을 것이다. 결국 이러한 디테일의 힘이 오늘날의 애플을 만드는 중요한 요소가 되었으리라.

한창 축구 경기가 열리고 있는 상황을 떠올려보자. 현재 점수는 1대 1, 각 팀의 감독들은 팀의 공격수에게 각각 다음과 같이 지시를 내리고 있다.

A팀

감독 : 너는 이번에 골을 꼭 넣어야 해. 너는 할 수 있어!

선수 : 네…….

B팀

감독 : 상대 골키퍼는 골대 왼편보다 오른편으로 날아오는 볼을 잘 막지

못해. 따라서 너는 오른쪽에 있는 K에게 패스한 뒤, 안쪽으로 파고들어 공략하면 돼. 알다시피 저 팀은 수비에 약하니까 그 점만 잘 기억하면 넌 분명 해낼 수 있을 거야. 우리는 이번에 반드시 우승할 수 있어!

선수 : 네!

여러분은 어떤 감독과 함께 경기를 뛰고 싶은가? 그리고 여러분은 어떤 감독인가? 잭 웰치는 "열 번 말하지 않은 것은 한 번도 말하지 않은 것과 같다."라고 말했다. 직원에게 비전과 공유를 공유하고 나의 뜻을 알리고 싶으면 상대가 그냥 알아주기를 바라서도 안 되고, 내가 알고 있다고 해서 상대도 알고 있으리라고 착각해서도 안 된다.

팀원들이 내 뜻대로 움직이지 않는 이유는 결국 리더의 탓이다. 리더라면 직원들을 탓하기 전에 지시를 전달하는 방식이 잘못되지는 않았는지 한 번쯤 돌이켜보길 바란다.

35

회사의 역사를
사진으로 남긴다

남는 건 사진뿐이라는 말, 아마 흔히 들어봤을 것이다. 그만큼 사진은 지난날을 되돌아보고, 추억을 되새기는 데 매우 유용한 시각자료이다. 또, 사진은 시간이 지나면 지날수록 그 가치가 커진다.

아이가 커가는 과정을 사진으로 남기듯, 우리는 에브리온TV에서 일어나는 모든 일들을 사진으로 남겨 사무실 벽에 붙여나가고 있다. 사무실에 처음에 왔을 때는 몇 장 되지 않았던 것이 지금은 한쪽 벽을 거의 다 차지하고 있을 만큼 꽤 늘었다.

우리 회사에는 촬영 담당자가 따로 있어서 회사 내의 공식적인 행사가 있을 때마다 담당자가 사진을 찍는다. 하지만 평소에는 전 직원 모두가 포토그래퍼이다. 언제나 맘만 먹으면 스마트폰으로 사진을 찍고 공유할 수 있기에 평소에도 계속해서 사진을 찍는다.

이처럼 보통 회사들이 보여주기 식으로 대외행사나 중요한 일이 있을 때 사진을 찍는 것과는 달리 에브리온TV에서는 우리의 '추억 앨범'을 만들기 위해 일상의 모습을 다 담는다. 그리고 앞서 말했듯 연말 종무파티 때 이를 모아 슬라이드로 만들어 다 같이 시청하며 한 해를 곱씹기도 한다.

우리는 에브리온TV를 설립한 날, 관련 실무자들이 모여 수많은 사진을 찍으며 첫 시작을 기념했다. 많은 기업들이 워크숍을 가면 현수막을 앞세우고 한 손은 주먹을 쥔 채 파이팅을 외치는 사진을 찍지만, 우리의 사진은 대학교 때 동아리 사람들과 찍은 것처럼 정과 돈독함이 물씬 느껴진다.

그리고 우리 회사 사무실 현관문을 열면 가장 먼저 서비스 채널들이 보인다. '미디어월'이라 불리는 모니터에는 에브리온TV가 서비스하는 250여 개의 채널들이 24시간 방송되고 있다. PC 몇 대와 중고 모니터로 만든 이 모니터링 시스템은 몇 십억 원을 들여 구축한 방송국의 주조정실과 비교해도 손색이 없다(272쪽 참고).

그리고 다른 벽면에 다닥다닥 붙어 있는 연두색 색지는 바로 에브리온TV가 서비스하는 채널 이름들이다. 불과 30여 개 채널로

현관문을 열면 가장 먼저 우리가 서비스하는 250여 개의 채널
들이 24시간 방송되는 모니터가 보인다. 이로써 직원들은 우리
가 하는 일이 무엇인지를 매일매일 자각할 수 있다.

출발했던 에브리온TV는 현재 250여 개의 방송 채널을 무료로 서비스하는 회사로 성장했다.

그냥 말로만 "우리의 채널이 30개에서 250개로 늘어났습니다!"라고 외치는 것과 채널이 늘어날 때마다 직접 색지를 벽에 붙여나가는 것. 무엇이 직원들의 가슴에 더 와 닿고 오래 기억되며 뿌듯함을 느끼게 할까?

벽에 붙어 있는 사내 포토는 회사에 방문한 손님들의 시선을 끈다. 개중에는 사진을 가리키며 무엇을 하는 장면인지 물어보는 분도 더러 있다. 그러면 우리는 그 사진 속에 담긴 이야기를 풀어놓는다. 그렇게 자연스럽게 대화의 물꼬를 틀 수 있기에 사진이 있으면 손님들과의 자연스러운 커뮤니케이션도 가능하다.

오랜 시간 한 회사만 다닌 사람들은 '도대체 언제 이렇게 시간이 흘렀지? 그동안 난 무엇을 한 걸까?' 하면서 허무해지는 시간이 반드시 온다고 한다.

나는 사진이야말로 직원 한 명 한 명이 우리 회사에 얼마나 많이 기여했고, 그동안 우리 회사의 역사가 얼마나 깊어졌는지 보여줄 수 있는 기록이라 생각한다. 사진이 늘어날수록 우리의 역사가, 그리고 우리의 이야기가 더더욱 길어졌음을 단번에 알 수 있기 때문이다.

사진 속에서 우리는 모두 웃고 울며 살아 숨 쉬고 있다. 언젠가는 에브리온TV 사무실의 모든 벽이 사진으로 뒤덮이는 날이 올지

서비스 채널을 적은 색지와 추억을 담은 사진. 우리의 역사가 깊어질수록, 벽면은 우리의 이야기로 점점 가득 찰 것이다.

도 모르겠다. 나는 그 사진들을 바라보면서 가슴이 뭉클해질 때가 많다. 사진을 보면서 느끼는 내 마음도, 그리고 우리 직원들이 마음도 똑같으리라 나는 믿어 의심치 않는다.

행복을
선택하다

서비스마케팅팀 남궁승환 팀장

차분한 말투가 인상적인, 세련된 스타일의 댄디가이. 그는 서비스마케팅팀에서 에브리온TV를 더 많은 이용자들에게 알리는 일을 맡고 있다. 주특기는 꼼꼼한 프레젠테이션, 이용자들의 시선을 잡아끄는 톡톡 튀는 광고를 만드는 것. 그런 능력답게 조리 있는 말솜씨와 상냥한 미소로 '에브리온TV에서 일을 한다는 것'의 의미를 상세히 들려주었다.

편집자　안녕하세요, 팀장님. 웃는 모습이 정말 보기가 좋으시네요. 간단한 자기소개 부탁드립니다.

남궁승환　감사합니다(웃음). 저는 서비스마케팅팀에서 일하고 있습니다. 서비스마케팅은 쉽게 말해 더 많은 사람들이 에브리온TV 서비스를 이용할 수 있도록 잘 알리는 일입니다. 일반 회사로 말하면 홍보팀과 비슷한 역할을 한다고 보시면 됩니다.

편집자　그렇군요. 팀장님은 에브리온TV와 처음부터 함께한 것

"이제는 매일 퇴근하고 집에 가면 아내와 저녁을 먹으면서 이런저런 대화를 나눕니다. 우리의 미래에 대해서도 더 자주 이야기하고요. 그러면서 평범한 오늘에 감사하게 되더군요. "

은 아니고 나중에 합류하셨다고 들었는데요. 에브리온TV에는 어떻게 오시게 된 건지 궁금합니다.

남궁승환 제가 에브리온TV에 입사한 것은 2012년 11월입니다. 우리 회사가 2012년 7월에 독립을 했으니 그 후 몇 개월 뒤에 합류한 셈이네요. 사실 저는 대학을 졸업하고 4년 동안 온라인 광고 대행사에서 기획 일을 하다가 광고를 좀 더 깊이 있게 공부하기 위해 미국으로 유학을 갔습니다. 미국에는 5년 있었고요. MBA를 끝낼 무렵, 에브리온TV 채용 공고를 보고 지원해서 입사하게 됐습니다.

편집자 미국에서 공부하다 들어오신 거라면 정말로 외부자의 입장에서 이곳을 바라보셨겠네요. 어떤 이유로 에브리온TV에 지원하게 된 건가요?

남궁승환 대학에 다닐 때부터 온라인 광고 쪽에 관심이 많아서 그쪽 일을 하겠다고 일찌감치 마음을 먹었었지요. 그런데 졸업하고 들어간 온라인 광고 대행사 일이 정말 만만치가 않더군요. 밤 12시까지 야근하는 건 기본이고, 새벽 서너 시까지 회사에 있는 일도 다반사였습니다.

편집자 네. 광고 대행사 일이 소위 '빡시다'고 저도 많이 들었습니다.

남궁승환 맞아요. 광고 대행사는 특히 연말 연초가 일이 가장 많은데 어떤 해에는 12월 1일부터 3월 1일까지 하루도 쉬지 않고 회사에 나간 적도 있습니다. 하고 싶었던 일을 하는 거니 광고 일을 시작한 것 자체를 후회한 적은 없지만 '이대로 괜찮을까?' 하는 의문이 가시질 않더군요.

그러다 미국 유학을 가고, 졸업 후 새 직장을 알아보면서 여러 가지 생각을 하게 되었습니다. '다시 예전처럼 살아도 괜찮을까?' '광고 일을 하기 위해서는 그것 외에 다른 선택은 없는 걸까?' 하는 고민이었지요. 사람이 일을 하는 이유는 행복하기 위해서인데 그렇게 내 모든 시간을 몽땅 회사에 바쳐서는 행복한 인생을 살 수 없을 거란 불안함이 떠나지를 않더군요.

편집자 그러던 중 에브리온TV 채용 공고를 보시게 된 거고요.

남궁승환 네. 채용 공고를 보고 지원을 고민하던 중 현대HCN 학생 기자단이 에브리온TV를 취재한 기사를 보게 되었습니다. 블로그 기사라 사진이 무척 많았는데 카페처럼 꾸며진 사무실을 보고 뭔가 다른 회사라는 느낌을 받았죠. 또 인터뷰 내용을 보니 무엇보다 즐겁게 일하기 위해 노력하고 있는 것 같았고요. 여기서라면 이전과는 다른 방식으로 일을 해볼 수 있겠다는 생각이 들었습니다.

편집자 네. 그렇게 해서 에브리온TV에 오시게 된 거군요.

남궁승환 제가 오고 싶다고 해서 그냥 온 것은 아니고, 다행히 저를 뽑아주셔서 오게 되었죠(웃음).

편집자 그렇죠(웃음). 회사의 첫 느낌은 어땠나요?

남궁승환 회사의 첫인상이 정말 좋았습니다. 인터넷 기사에서 본 대로 사무실도 아늑했고, 직원들의 얼굴도 모두 밝아 보였고요. 다른 회사에서는 절대 풍길 수 없는, 특유의 분위기가 있었지요.

편집자　예상대로 야근 없이 일하실 수 있었나요?

남궁승환　네, 그럼요. 출근하고 첫날 박성현 본부장님이 저한테 "나는 야근하는 거 되게 싫어합니다. 그러니까 그냥 본인이 알아서 하세요."라고 하시더라고요. 며칠 근무를 해보니 정말 6시가 넘으면 대부분 집에 갔고요. 회사에 남은 사람들은 진짜로 할 일이 있거나 본인이 원해서 있습니다.

편집자　어떻게 하면 야근 없는 문화가 정착될 수 있을까요?

남궁승환　에브리온TV가 이렇게 일할 수 있는 이유는 사실 여러 가지가 있는데요. 아무래도 우리 회사가 협력사가 아닌 플랫폼사라 우리의 형편에 맞춰 업무 스케줄을 조정하는 게 가능한 것도 큰 이유일 겁니다. 다른 업체가 지시하는 날짜에 꼭 맞춰줘야 하는 대행사라면 사실 어려울 거예요.

편집자　하지만 플랫폼 사업을 하는 회사라고 해서 모두 그런 것은 아니지 않나요?

남궁승환　맞아요. 그렇기 때문에 야근 없이 일하는 건 우리 회사의 큰 장점이라 생각합니다. 게다가 추가 근무가 없는데도 일이 효율적이고 합리적으로 이루어지니 금상첨화죠. 우리가 짧은 시간에 모바일 동영상 서비스 강자로 자리 잡을 수 있었던 것은 이런 장점이 뒷받침되었기 때문이라 봅니다.

편집자　에브리온TV에 입사하고 가장 달라진 점은 뭔가요?

남궁승환 내가 무엇을 위해 일하는지를 정확히 알 수 있게 된 것 같네요. 예전에 회사를 다닐 때는 내가 뭐 때문에 이렇게 열심히 일하는지 생각할 겨를조차 없었습니다. 프로젝트 하나가 끝나서 겨우 한숨 쉬겠다 싶으면 곧바로 다음 프로젝트가 들어오니, 퇴근하고 집에 가면 쓰러져서 잠만 자기 바빴죠.

편집자 정말 바쁜 일상을 보내셨군요. 지금은 어떻죠?

남궁승환 이제는 매일 퇴근하고 집에 가면 아내와 저녁을 먹으면서 이런저런 대화를 나눕니다. 우리의 미래에 대해서도 더 자주 이야기하고요. 그러면서 평범한 오늘에 감사하게 되더군요. 다행히 제 아내도 저녁 6시에 업무를 마칠 수 있는 회사에 다니고 있어요. 저녁마다 아내와 꼭 붙어 있다 보니 어느 날 아내가 제게 이런 농담을 던지더라고요. "우리 둘 혹시 왕따인 거 아냐? 이상하게 우리 둘만 매일 붙어 있는 것 같아(웃음)."

편집자 입사하고 달라진 점이 '무엇 때문에 일하는지를' 알게 되었다는 답변이 참 인상적이네요. 그래도 혹시 아쉬운 점은 없나요? 아무리 좋은 직장이라도 단점은 있을 것 같은데 말이죠.

남궁승환 굳이 아쉬운 점을 꼽으라면, 월급일 것 같네요. 그렇다고 월급이 아주 적은 것은 아닙니다. 다만 벤처기업이기 때문에 대기업에 다니는 사람들보다는 조금 적을 수 있겠죠. 사실 저랑 같이 미국에서 MBA를 마친 친구들은 대부분 대기업에 취직했습니다. 그리고 저한테 조금 더 큰 회사에 갈 수도 있는데 왜 그렇게 작은 회사에 들어갔냐고 묻곤 해요.

편집자 지금의 선택에 후회는 전혀 없으신가요?

남궁승환 네. 저는 제 가치관에 맞는 옳은 판단을 했다고 생각합니다. 밤늦게까지 일하고 조금 더 많은 월급을 받는 것보다 근무 시간에는 일하고 나머지 시간은 가족과 함께 시간을 보낼 수 있는 삶을 살고 싶거든요. 저에겐 그런 게 행복이니까요. 그런 의미에서 저는 돈보다 제 행복을 선택했다고 할 수 있겠네요.

편집자 팀장님께서 에브리온TV에서 일하는 시간이 즐겁다고 하셨는데요. 특히 어떤 점이 그렇나요?

남궁승환 우선 제가 하고 싶었던 온라인 마케팅 일을 할 수 있어서 즐겁고요. 또, 회사 분위기가 자유로워서 좋습니다. 간혹 회사 분위기가 자유로운 것이 업무에 도움이 되냐고 묻는 분들이 계신데요. 모바일 혹은 온라인 서비스는 다른 어떤 분야의 사업보다 유동적이어야 하고, 타이밍도 매우 중요합니다. 색다른 생각과 빠른 대응력이 경쟁력을 크게 좌우하지요. 그런 면에서 에브리온TV는 모바일 업계에서 상당한 경쟁력을 갖췄다고 볼 수 있습니다.

편집자 회사에 대한 자랑거리가 많으신 것 같네요.

남궁승환 네. 물론이죠. 어떤 생각에도 늘 열려 있는 분위기, 조금 괜찮다 싶으면 바로 행동으로 옮기는 실행력을 들 수 있을 것 같네요. 또 일을 마치고 아내와 충분한 시간을 함께 보낼 수도 있고요. 사람 사는 게 뭐 별거 있나요? 기분 좋게 일하고 가족들과 함께 시간을 보낼 수 있다면 그것이 바로 행복이죠.

편집자　가족들과의 시간을 굉장히 중시하시는 것 같은데요. 특별한 이유가 있나요?

남궁승환　미국에 있을 때 미국의 직장인들이 나인투식스(9 to 6)를 분명히 지키는 것이 인상적이었습니다. 회사 일을 마치고 저녁에, 그리고 주말을 항상 가족들과 함께 보내는 것이 참 보기가 좋았거든요. 그때 나도 저렇게 살았으면 좋겠다고 생각했죠.

편집자　마지막으로 하고 싶은 말씀 있으면 부탁드립니다.

남궁승환　독자 분들 중에는 아마 저와 다른 생각을 하시는 분들도 계실 겁니다. 자기 시간을 갖거나 가족들과 함께 시간을 보내는 것보다 일하는 데 더 많은 시간을 들이고, 많은 돈을 버는 게 더 중요하다고 생각할 수도 있겠죠. 저는 절대 그게 틀렸다고 생각하지 않습니다. 누구나 자기 가치관에 맞게 인생을 살아가는 거니까요. 다만 그것이 진실로 자신이 선택한 것인지는 한 번쯤 진지하게 생각해볼 필요가 있다고 생각합니다.

저는 우리 회사가 결코 완벽한 회사라고 생각하지 않습니다. 어떤 사람에게는 이런저런 이벤트가 많아 귀찮을 수도 있고, 대기업보다 연봉이 낮은 것이 불만스러울 수도 있으니까요. 결국 제 결론은 이거 같네요. 모든 일은 자신의 선택에 달렸다는 것. 저는 제 나름의 행복을 선택했고, 제 선택에 후회가 없습니다.

당신의 회사도 성공모델이 될 수 있다

현재 판도라TV에는 10여 명 정도가 함께 일하는 모바일 앱 개발 태스크포스팀이 있다. 즉, 판도라TV가 서비스하는 모든 모바일 앱의 기획과 개발을 담당하는 팀이다.

판도라TV에는 이들을 위한 작은 방이 따로 있는데, 바로 이 공간은 에브리온TV를 벤치마킹한 것으로, 에브리온TV의 축소판과 같은 형태를 띠고 있다. 판도라TV의 약간 경직된 조직 안에 에브리온TV와 같이 개성과 활력이 넘치는 조직이 상생하고 있는 것이다. 이렇게 나는 약 20명이 일하고 있는 작은 회사의 문화를 더 큰 회사에 '재이식'하고 있다.

그래서 태스크포스팀 방 역시 직접 벽면에 밝은 색으로 페인트 칠을 했고, 곳곳에 'Nothing without mobile'과 같은 문구를 새겼으며, 간식과 음료수도 채워 넣었다. 이처럼 우리는 에브리온TV에서 행했던 것을 단지 그곳만을 위한 것으로 끝내지 않고, 이를 다른 곳에도 적용해 벤처 성공모델로 정착시키기 위해 노력 중이다.

지금까지 말한 것이 단지 에브리온TV만의 이야기였다면, 다른 조직에는 적용이 어려울 수도 있다는 우려가 분명 생길 것이다. 그러나 이 책에서 말하는 35가지 매뉴얼 중에는 이미 다른 벤처기업, 소기업에서도 실행하고 있는 것도 많다. 게다가 우리가 제안하는 것이 단지 사내 카페를 만들고 먹거리를 많이 두라는 게 아니라 '신뢰'라는 가치를 조직 내부에 뿌리박게 하기 위한 방법이기에 충분히 모델로서 가치가 있다고 생각한다.

사실 나는 판도라TV 시절부터 '소통이 잘 이뤄지기 위한 공간'에 대해 치열하게 고민했다. 그 결과, 채광을 중시하고, 개방형 회의실을 만들고, 벽면을 밝은 색으로 칠하는 등 인테리어 부분에서 많은 시도를 했고, 그 효과를 이미 충분히 체험한 터였다.

그래서 에브리온TV를 세울 당시에는 판도라TV에서 했던 것들을 적용함과 동시에 '구성원 간 신뢰를 만들기 위한 기업문화는 어때야 하는가?', '리더십과 팔로워십이 조화를 이루기 위해서는 어떻게 해야 할까?' 등을 고민하며 한 스텝 더 나아가기 위해 애썼다. 그리고 '우리만의 세상을 창조한다'는 생각으로 처음부터 인테리어, 기업문화, 시스템 등을 새롭게 세팅해나갔다.

이때 우리에게 창의적인 아이디어를 준 기업은 앞서 말했듯 ‘우아한형제들’이다. 우아한형제들의 김봉진 대표를 만난 것은 2012년 5월경이다. 당시 그는 ‘배달의 민족’이라는 음식 배달 앱을 출시하고 뜨거운 반응을 얻었다. 판도라TV의 주주가 우아한형제들에도 투자하면서 그를 알게 되었는데, 그는 우리나라에서 가장 잘나가는 인터넷 회사를 그만두고 스마트폰 기반의 회사를 창업해 성공한, 이 업계에서 손에 꼽을 만큼 뛰어난 IT 전문가이다.

우아한형제들 사무실에 가보면 에브리온TV와 같은 사무실 풍경을 볼 수 있다. 우선 높은 천장과 탁 트인 공간이 눈에 띈다. 또 사무실엔 언제나 음악이 흐르고, 대표와 직원들이 같은 크기의 책상을 쓰고 있다. 이곳에 처음 방문한 사람들은 누가 이 회사의 사장인지 헷갈려 한다고 한다. 대표가 청바지에 티셔츠 차림으로 직원들과 똑같은 환경에서 일하고 있기 때문이다. 또, 김 대표는 자신의 책상에 바퀴를 달아 사무실 내 어디로든 옮겨 다니는 등 엉뚱하고 재미있는 방식으로 회사를 운영하고 있다.

우아한형제들 사무실에서 방문객의 눈을 잡아끄는 것 중 하나는 슬로건이다. 그곳에는 보자마자 웃음이 톡 터져나오는 재미있는 포스터가 크게 걸려 있다. 예를 들어 각종 과일과 고구마 등 간식이 놓여 있는 휴식 공간에는 ‘살찌는 것은 죄가 아니다’라는 문구가 새겨진 커다란 포스터가 떡하니 붙어 있다. 또 출입문에는 ‘9시 1분은 9시가 아니다’라는 글귀가 붙어 있다. 이는 유머를 곳곳에 심으면서 질서를 놓지 않는 그들의 문화를 잘 보여준다.

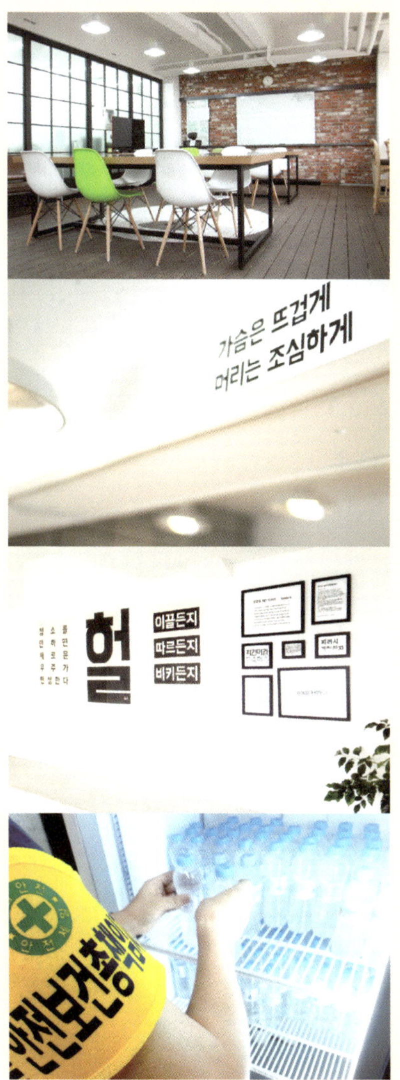

우아한형제들 사무실 모습. 사진만 봐도 다른 회사
에서 보기 어려운 분위기와 에너지가 느껴진다.

또한 그 회사에는 '안전보건총책임자'라는 이름의 직함이 있다고 한다. 이는 직원들의 간식을 관리하고 테이블 주변을 깨끗하게 정리하는 담당자를 일컫는다. 이러한 담당은 매달 제비뽑기를 통해 선발하는데, 뽑힌 사람에게는 어릴 때 학교에서나 봤을 법한 노란색 완장을 수여해준다고 한다. 회사를 단순히 업무 공간으로만 여기지 않고 즐거운 생활 공간으로 만들려는 그들의 노력이 돋보이는 부분이다. 참고로 이 제비뽑기에는 말단 사원부터 회사의 경영진까지 모든 사람들이 참여하는데, 이유는 모르겠지만 직급이 높을수록 제비뽑기에 잘 걸린다는 후일담이 있다.

우리는 이곳을 벤치마킹해 에브리온TV라는 특별한 공간을 만들었고, 우리의 이야기가 조금씩 알려지면서 우리를 벤치마킹하는 사례도 하나씩 늘어나고 있다.

먼저 '휴머스온'이라는 벤처기업이다. 1세대 인터넷 벤처기업으로 원래는 에이메일이라는 이름으로 설립되었는데, 2013년 4월에 사명을 휴머스온으로 바꾸고 각종 모바일 기반의 서비스를 개발하고 있다.

내가 휴머스온 백동훈 대표를 알게 된 것은 1999년경으로, IT 관련 CEO들의 모임 자리에서 처음 만났다. 그는 일을 진행함에 있어 막힘이 없다. 그는 몇 년 전 판도라TV 사무실에 방문하였는데, 이때 큰 감동을 받았다고 한다. 당시 판도라TV에서는 에브리온TV와 마찬가지로 회사를 카페처럼 편안한 공간으로 만들기 위한 프로젝트가 한창 진행 중이었다.

백동훈 대표는 그날 바로 사무실로 돌아가 휴머스온 총무팀에게 판도라TV에서 했던 것들을 시도해보자고 했다고 한다. 그리고 며칠 후 나는 판도라TV 총무팀과 휴머스온 총무팀 간에 미팅이 있었다는 소식을 들었다. 과연 생각한 게 있으면 바로바로 실행하는 백동훈 대표다운 행동이었다.

한 달 후 그가 내게 전화를 걸어왔다.

"김 의장, 이제 우리 회사도 에브리온TV 못지않게 멋진 회사가 되었답니다. 한번 와서 구경해보지 않으시겠어요?"

흥분에 찬 백동훈 대표의 목소리에 나는 곧 휴머스온 사무실을 찾았다. 그리고 사무실에 들어서자마자 깜짝 놀라고 말았다. 높은 천장에 탁 트인 실내 공간, 직원들을 위한 배려가 돋보이는 인테리어까지, 그들이 만든 사무실은 어느 하나 나무랄 데 없이 훌륭한 공간이었다.

그는 판도라TV 방문 후 휴머스온에도 새로운 변화가 필요하다고 생각해 모든 것을 바꾸기로 결심했다고 한다. 그래서 실무자들을 불러 우선 판도라TV를 견학시키고 그 후에는 홍대의 카페 거리를 둘러보도록 했다고 한다. 직원들이 원하는 공간을 스스로 선택할 수 있도록 배려한 것이다. 그렇게 수많은 시행착오 끝에 휴머스온에 가장 어울리는 콘셉트를 결정했고, 직원들의 손을 거쳐 그들만의 멋진 공간이 탄생할 수 있었다.

백동훈 대표의 이야기를 들어보니 그가 어떻게 그처럼 훌륭한 회사를 만들었는지를 짐작할 수 있었다. 자기 회사의 부족한 점을 흔쾌히 인정하되 단지 문제점을 인식한 것에 그치지 않고 바로 개선하기 위해 실행한 점이 정말 놀라웠다. 보통의 사장이라면 자신의 부족한 점을 인정하지 않거나 인정하더라도 변화를 시도하지는 않기 마련인데, 과연 백 대표다운 모습이다.

휴머스온은 단지 판도라TV를 벤치마킹하는 것에 그치지 않고 새로운 일을 하기 위한 프로젝트 팀을 따로 만들어 지금도 그 도전을 이어가고 있다. 그리고 팀 하나를 선정해서 직원들이 원하는 제도를 먼저 시행해보게 한 후, 반응이 좋으면 전사적으로 확장시킨다. 나는 바로 이런 점이 휴머스온의 경쟁력이라고 믿는다.

그리고 놀랍게도 이 책을 출간해준 다산북스의 김선식 대표도 우리가 제안한 몇 가지를 회사에 적용시켰다고 한다. 파티션을 없애는 대신 화분을 늘리고, 인테리어 태스크포스팀을 꾸려 사내 카페를 만들고 큰 테이블을 직접 제작하는 등, 그렇게 변한 회사의 모습을 회사 블로그에 올렸는데 사진만 봐도 활기가 느껴진다.

여담으로, 파주출판단지에서 나와 박성현 본부장과 미팅을 하던 날 사각 테이블을 사는 게 훨씬 활용도가 좋다는 우리의 말을 듣고, 주문했던 원형 테이블을 급히 취소하고 사각 테이블을 주문했다고 한다. 어떤 모양의 테이블을 주문할지 정하는 것 또한 별것 아닌 일 같지만, 직원들은 이런 사소한 부분에서 대표의 배려심을 느끼는 법이다.

이렇게 에브리온TV 이야기를 들은 여러 작은 회사들이 우리가 행했던 것들을 적용하기 위해 노력하고 있으며, 그 후 계속해서 긍정적인 피드백을 주고 있어 참 뿌듯하다. 그리고 이 모델이 다른 기업에 이식되고 확산된다면 진정한 한국 벤처 성공 모델로까지 자리 잡을 수 있으리라 생각한다.

에브리온TV, 우아한형제들, 휴머스온, 다산북스 등 이 모든 기업의 공통점은 회사는 즐거운 곳이어야 하며 이를 위해서는 직원들의 마음을 얻는 일이 가장 중요하다는 사실을 몸소 보여준다는 것이다. 적어도 우리는 그 기업들에게서 다른 데서는 볼 수 없는 에너지를 느낄 수 있다.

회사는 그저 돈을 벌기 위해 어쩔 수 없이 나와야 하는 곳이 아니라 좋은 사람들과 어울리며 개인의 꿈을 실현하고 행복한 추억을 만드는 곳이 되어야 한다. 그리고 이것은 경영자 한 사람의 의지나 직원들의 일방적인 희생이 아닌, 다 같이 서로의 발전을 바라는 간절함과 협동심으로 이루어진다.

아직은 에브리온TV가 잘 알려지지 않은 회사지만 이 책을 읽은 수많은 사장님들이 직원들의 마음을 얻기 위해 노력하고, 신뢰로 가득 찬 '신의 직장'을 만들어나가길 기대해본다.

에브리온TV 서비스
히스토리

● 2011년

7월 1일 프로젝트 킥오프

8월 사내 클로즈 베타 오픈(웹 사이트 및 PC 어플리케이션 서비스)

9월 에브리온TV 오픈 베타 서비스 런칭

10월 아이폰 전용 앱 출시

아이폰 전용 앱, 앱스토어 '인기 추천 앱' 등록

청와대TV, 서울시TV, 문화관광부채널 등 공공채널 오픈

아이폰 전용 앱, 앱스토어 다운로드 1위

안드로이드폰 전용 앱 출시

11월 박원순 서울 시장 취임식 생중계(CH.211 서울시TV)

12월 국내 최초 소셜TV 손바닥TV 채널 오픈

● 2012년

1월 2012 CES 삼성전자 신제품 출시 생중계(CH.221 삼성 라이브 겔러리)

윈도우폰 전용 앱 출시

윈도우폰 전용 앱, 마켓 플레이스 '인기 추천 앱' 등록

채널A, MBN, TV조선 종합 편성 채널 오픈

2월 아이패드 전용 앱 출시

아이패드 전용 앱 앱스토어 '인기 추천 앱' 등록

아이패드 전용 앱, 앱스토어 다운로드 1위

총 100개 채널 오픈

3월 JTBC, J골프 채널 오픈(종합편성채널 4개 채널 모두 오픈)

2012 서울패션위크, 불멸의 국가대표 등 스페셜 채널 오픈

4월 에브리온TV 앱 다운로드 유저 100만 돌파

현재 총 130개 채널 오픈

5월 2012 디지털케이블TV쇼 참여

에브리온TV 출범 공동 협약식 개최(현대HCN, 판도라TV)

6월 사옥 이전(서울시 서초구 서초동 소재)

7월 법인 설립 및 김경익 초대 대표이사 취임

총 150여 개 채널 오픈

8월 MAC 전용 플레이어 출시

9월 삼성앱스 음악/동영상 카테고리 다운로드 1위 기록

안철수 대선출마 기자회견 생중계(CH.551 안철수 스페셜 채널)

10월 채널별 팬(FAN) 기능 추가

11월 아이패드 전용 앱 재등록 및 무료 앱 다운로드 1위

12월 총 180여 개 채널 오픈

● 2013년

1월 앱 다운로드 200만 건 돌파

총 200여 개 채널 오픈

2월 홈쇼핑 채널 내 구매 기능 추가

3월 아이패드, 스마트폰 앱 UI 동기화

2013 서울 패션위크 스페셜 채널 및 30여 명 개인 디자이너 채널 오픈

2013 한국야쿠르트 프로야구 생중계(9개 구단 전용 채널 오픈)

4월 아이폰 전용 앱, 신규 무료 인기 앱 1위

삼성 스마트TV 전용 앱 출시

5월 2013 디지털케이블TV쇼(KCTA) 참가

6월 YTN, EBS, J골프 채널 오픈

에브리온TV 히스토리
채널
2011
30
2014
250
3년간 채널 수 변화
앱 다운로드 수
2011
2012
2013
2014
서비스 오픈 3년간
누적 다운로드
360만 건 기록
일 방문자 수
2011
2012
2013
2014
서비스 오픈 이후
3년간 일 방문자 수
190배 증가
일 채널 시청수
서비스 오픈 이후
3년간 일 채널 시청 수
160배 증가
2011
2012
2013
2014

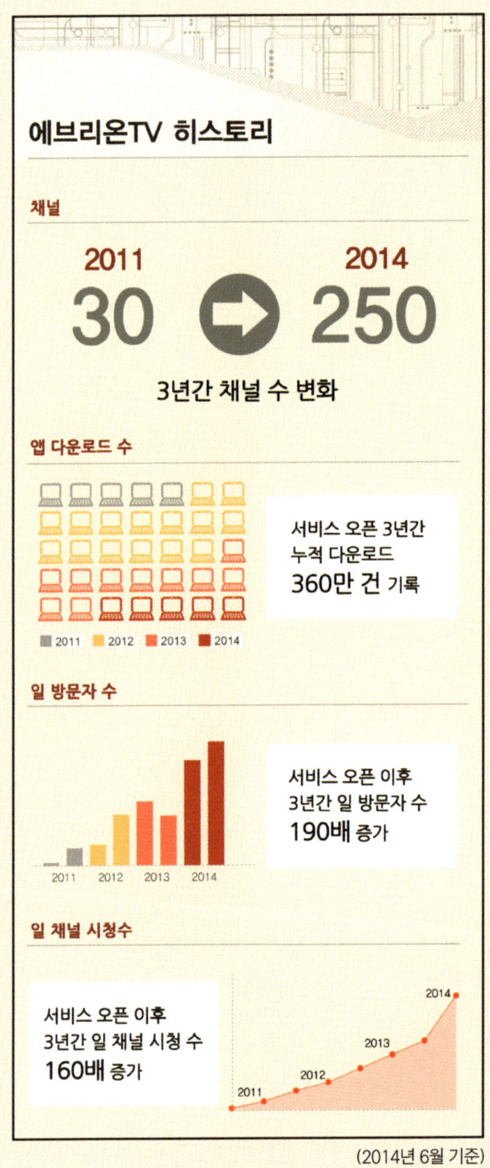

(2014년 6월 기준)

모바일 맥(Mac) 앱 UI 동기화

7월 권기정 대표이사 취임

맥(Mac) 전용 앱, 맥 앱스토어 다운로드 1위

8월 온포인트 서비스 런칭

9월 2013 정기 고연전 생중계

10월 2014 S/S 서울패션위크 스페셜 채널 오픈

추천앱 서비스 런칭

11월   2013-2014 우리은행 여자프로농구(WKBL) 무료 생중계

올스크린 UX 디자인 런칭

홈 카테고리 서비스 런칭

12월 앱 다운로드 300만 건 돌파

현대해상 2013-2014 FK리그 무료 생중계

웹 채널 오픈

● **2014년**

1월 팟캐스트 채널 오픈

2월 에브리온TV 캐스트 출시 기념 미디어데이 개최

3월 JTBC 채널 재오픈

4월 2014 디지털케이블TV쇼(KCTA) 참가

5월 VOD 서비스 오픈

판교 테크노밸리의 코리아벤처타운에서 자주 접하는 김경익 대표의 '벤처 냄새'가 물씬 풍겨나는 책이다. 항상 열정적으로 뭔가를 추구하고 꿈꾸는 벤처 드리머로서의 모습이 그대로 담겨있다. 벤처를 시작하는 후배들에게 '내가 왜 벤처를 좋아하는가', '나는 왜 벤처인으로 평생 살고 싶은가'를 설명해주기에 딱 적당한, 작은 회사 경영 지침서이다. **- 남민우(다산네트웍스 CEO)**

창업하는 사람들의 꿈은 작은 기업을 번듯한 대기업으로 성장시키는 것이다. 하지만 대기업이 되기 위해서 반드시 창업 초기에 겪는 난관을 슬기롭게 극복하는 과정을 거쳐야 한다. 이 책은 다른 어떤 책에서도 찾아볼 수 없는, 창업 초기 경영자에게 가장 필요한 지혜와 창의적 해결책을 담고 있다. 창업에 성공하려면 반드시 읽어야 하는 실천 매뉴얼이 담긴, 한국형 벤처 교과서라 할 수 있다. **- 박남규(서울대 경영학과 교수)**

나도 3명의 직원과 함께 창업하여 지난 16년간 사업을 영위하면서, 이 책에서 말하는 것처럼 직원에 대한 무한한 신뢰를 가장 중요한 가치라 생각하고 지켜왔다. 에브리온TV의 이야기를 보면서 계속 구글을 떠올렸다면 지나친 걸까? 우리나라에서 기업을 운영하고 창업을 준비하는 모든 이들에게 진정으로 추천하고 싶은 책이다. **- 박희재(산업통상자원 R&D 전략기획단장/에스엔유프리시젼㈜ 창업 및 이사회의장/서울대 교수)**

이 책은 창조경제의 엔진은 서로 신뢰하는 기업문화에 있음을 알려준다. 또 변화에 열린 자세, 서로의 마음을 받아들이는 '왕도 경영'이 곧 성공의 판도라 상자라는 사실을 일깨워준다. 이런

놀라운 사례가 우리의 기업에 확산되지 않을 이유가 없다. - 김경수(한국디스플레이산업협회 부회장)

기업인에게 신뢰란 어제, 오늘, 그리고 미래에도 함께해줄 동료와 고객들과 함께 한 걸음씩 나아가는 모습, 그 자체이다. 즉, 가장 중요한 건 '실행'이다. 에브리온TV가 걸어온 그 모습 그대로의 경험과 지혜들을 우리 회사의 규모와 단계에 맞게 적용하면 감히 '피터 드러커'의 동떨어진 기업경영론을 손에 쥐는 것보다 훨씬 나을 거라 확신한다. - 신철호(OGQ 이사회의장)

에브리온TV를 방문할 때마다 김경익 의장이 늘 하던 얘기는 돈 버는 문제가 아니라 어떻게 하면 '좋은 학교(회사), 신나는 교실(사무실)을 만들 수 있을까' 하는 기업문화에 대한 것이었다. 솔직히 '너무 한가한 것 아냐?'라는 생각이 들기도 했지만 그 작은 시도들이 만들어내는 놀라운 결과를 보면서 어느새 고개가 끄덕여졌다. 에브리온TV는 김경익 의장의 다양한 벤처 문화 만들기의 실험장이다. 이 책은 그 많은 실험들이 오롯이 담겨 있는, 그야말로 '벤처문화 실험 보고서'라고 할 수 있다. 대기업에 비해 열악한 환경 속에서도 '꿈꾸는 작은 회사'를 만들기 위해 고민하는 모든 사람들에게 반드시 일독을 권한다. - 이창호(아이뉴스24 대표)

경영서를 이렇게 재미나게 읽은 게 얼마 만인지 모르겠다. 김경익 대표가 마치 옆에 앉아 이야기하듯 술술 풀어놓은 이 책은, 기실 그의 '진솔한 성장기'로 읽어도 무리가 없다. 옆에서 지켜본 김 의장은 늘 배우는 사람이었다. 불굴의 용장이었던 그가 어느덧 지장, 그리고 덕장이 되어 '사람이 전부다'라고 외친다. 그의 지난 세월에 경의를 표한다. - 박태웅(K스타일트립 CEO)

이 책은 목차만으로도 설레게 한다. 책에서 말하듯 좋은 문화는 '습관'과도 같아 막상 기업이 커지고 나서 만들려면 오히려 어려워진다. 자신들만의 스토리를 하나씩 만들어가는 에브리온TV에 늘 자극을 받는다. - 김봉진(우아한형제들 대표이사)

'사람을 향한다'라는 광고 카피가 유행한 적이 있다. 여기서의 사람은 고객이었다. 이 책 역시 사람을 향하고 있지만 여기서의 사람은 '직원'이다. 책을 읽는 내내 고객의 마음을 잡기 전에 직원의 마음부터 잡고자 한 리더의 따뜻한 마음이 느껴진다. 리더라면 누구나 고민하는 문제에서 벗어나게 해줄, 작지만 소중한 실전 경험을 엿볼 수 있다. - 김성일(현대미디어 CEO)

직원들과 항상 소통하는 리더가 되기를 꿈꾸고, 궁극적으로 멋진 성과를 내고자 하는 모든 이들에게, 어떻게 직원들의 마음과 신뢰를 얻을 수 있는지 그 '마법'을 알려주는 좋은 책이다. 주변 사람들에게 유쾌한 마법을 거는 비밀을 훔쳐보는 느낌이다. - 김진식(IGM 세계경영연구원 교수/ IGM Global 대표이사)

수많은 창업자들은 구성원들이 자신의 뜻에 대해 말없이 따라와주고, 동참해주기를 기대하지만 생각만큼 잘되지 않는다. 아무리 좋은 전략도 구성원들의 공감과 신뢰 없이는 실행하기 어렵기 때문이다. 저자들은 회사를 경영하며 구성원들과 직접 실행해보고 얻은 노하우를 이 책에 고스란히 옮겨놓았다. 아름다운 회사의 생생한 이미지와 함께 경영자와 구성원들이 소통하기 위해 노력하는, 그 흥미진진한 과정을 엿볼 수 있다. - **이두호((주)퓨센스 애드 부사장)**

최근 방송·통신·인터넷 시장의 경계가 모호해지면서 사업구조가 다양하고 복잡해지고 있으며, 이에 따라 온라인 방송시장의 경쟁 또한 급속도로 치열해지고 있다. 에브리온TV는 주변에서 흔히 볼 수 있는 평범한 벤처기업에 불과하다는 그들의 겸손한 발언과는 달리, 나는 그들이 기존 방송시장 및 온라인 미디어 산업에 대한 이해와 역량이 매우 깊고 탁월하다는 것을 늘 느낀다. 그리고 이러한 열정과 인사이트를 바탕으로, 온라인 방송시장의 새로운 축으로서 향후 다양한 성공 스토리를 만들어나가리라 믿어 의심치 않는다. 새로운 성장동력을 이끌어내는, 작지만 강한 회사로 지속 성장할 것을 기대해본다. - **박성옥(LG전자 HE 신사업 담당/부장)**

벤처 창업을 모두가 기피하는 이 시대에 김경익 대표의 경험과 생각은 '우리가 벤처기업을 어떻게 대해야 하는가'를 가장 잘 보여준다. 일상의 삶에까지 녹아든 한 벤처 기업인의 생생한 삶의 현장을 엿볼 수 있으며, 이 책으로 당신도 행복한 벤처를 경험하게 될 것이다. - **장준근(나노엔텍 설립자)**

모름지기 경영은 제도보다 사람의 마음을 움직일 수 있어야 한다. 사람의 마음이 열리면 성과는 저절로 만들어진다. 이 책은 '사람의, 사람에 의한, 사람을 위한' 경영이 만들어내는 마법을 스토리텔링으로 재밌게 풀어가고 있다. - **김기찬(세계중소기업국제협의회(ICSB) 회장)**

늘 궁금했다. 척박한 방송환경에서 판도라TV와 에브리온TV가 어떻게 생존하는지. 그러면서도 신기했다. 두 회사를 방문할 때마다 느낄 수 있었던 활력이 도대체 어디서 오는지. 사실 그들의 매일은 전쟁일 것이다. 그러나 에브리온TV 식구들의 삶은 즐겁다. 잘나가는 사람들의 신뢰 이야기도 그럴 듯하지만, 조금 덜(?) 잘나가는 이들의 신뢰 이야기는 내 이야기인 양 쏙쏙 꽂힌다. 내가 이들과 함께하는 것 또한 신뢰의 마법이자 신뢰의 진실이 아닐까. - **정동훈(광운대학교 미디어영상학부 교수)**

모든 위대한 기업의 핵심요소에는 '가치관 경영'이 있다. 즉, 기업 고유의 가치가 직원들에게 신뢰받고 공감되어야만 성공하는 기업이 탄생하는 것이다. 이 책은 작은 회사도 실천력 높은 자율경영의 기업문화를 만들어내는 일이 가능함을 잘 보여준다. - **전성철(IGM 세계경영연구원 회장)**

이 책은 판도라TV 김경익 대표가 벤처기업 경영자로서 20년간 쌓아온 경험과 깨달음을 진솔하고 담담한 목소리로 전한다. 무엇보다 그가 경영자로서 직원들과 '신뢰'를 쌓는 일을 가장 큰 가치로 두고 있다는 점이 인상 깊었다. 일하는 데 있어 즐겁고 행복하고 보람을 느낄 수 있는 직장을 만들고 싶다면 꼭 멀리 바다 건너 있는 구글을 볼 필요는 없다. 우리 가까이에 있는 에브리온TV 사무실의 모습을 들여다보는 것이 더욱더 현실적일 테니까. **- 임정욱(스타트업 얼라이언스 센터장)**

신바람 나는 조직은 어떻게 만들 수 있을까? 이는 CEO부터 신입사원까지, 현 시대를 살아가는 우리 모두의 화두이다. 이 책은 열린 마음과 자발적 참여를 바탕으로 즐거운 기업문화를 스스로 만드는 방법을 제시한다. 이들이 전하는 실천 매뉴얼은 당장 현장에서 실행해볼 만한 것들이기에 경영자들에게 큰 영감을 준다. **- 김형만(KTH 컨텐츠사업본부장)**

벤처기업가는 늘 남과 다른 꿈을 꿔야 한다. 이 책은 서로가 신뢰하고, 소통하며, 공감할 수 있는 직장을 꿈꾸는, 한 작은 벤처기업의 이야기이다. 큰 회사가 되기 이전에 즐겁고 행복한 회사가 되는 것이 먼저라는 믿음은 작은 일에서부터 싹트기 시작한다. 작은 회사 에브리온TV의 잔잔하지만 유쾌한 실험은 진솔하기에 큰 울림을 준다. **- 조은기(성공회대학교 신문방송학과 교수)**

'뉴'도, '미디어'도, '허브'도 모두 시시하다 싶을 정도로 해묵은, 영혼이 없어 보이는 수사다. 사실 많은 기업들이 저런 단어를 외치고 있다는 건, 혁신과 성장 동력이 '뉴 미디어 허브'로 가는 길 어딘가에 놓여 있음을 기업가가 알고 있다는 증거다. 그러나 안전하기에 부패에 가장 많이 노출된 이들, 쉽게 승리한 이들은 안전한 성벽 안에서 큰소리친다. "혁신은 어디 있는가?" "창의적인 기업문화를 우리가 선도해야 하지 않겠는가?" 경쟁력 없이 볼륨만 높은 허황된 말들에 대한 대안은, 구성원 개인을 가장 중요한 한 '사람'으로 보고 존중하는, 오늘도 어떤 회사에서는 별것 아닌 듯이 이루어지고 있는 '문화'일 것이다. 에브리온TV는 시대의 큰 변화에 빠르게 순응하고 있는 듯하다. 곧 결과가 대신 말해줄 것이다. **- UMC UW(가수/XSFM 책임프로듀서)**

직원들의 마음을 움직이는 35가지 방법

신뢰의 마법

초판 1쇄 발행 2014년 7월 10일
초판 3쇄 발행 2023년 1월 1일

지은이 김경익 · 박성현
펴낸이 김선식

경영총괄 김은영
콘텐츠사업4팀장 임소연 **콘텐츠사업4팀** 황정민, 옥다애, 백지윤
편집관리팀 조세현, 백설희 **저작권팀** 한승빈, 김재원, 이슬
마케팅본부장 권장규 **마케팅4팀** 박태준, 문서희
미디어홍보본부장 정명찬 **홍보팀** 안지혜, 김민정, 오수미, 송현석
뉴미디어팀 허지호, 박지수, 임유나, 홍수경, 김화정 **디자인파트** 김은지, 이소영
재무관리팀 하미선, 윤이경, 김재경, 안혜선, 이보람
인사총무팀 강미숙, 김혜진, 황호준
제작관리팀 박상민, 최완규, 이지우, 김소영, 김진경, 양지환
물류관리팀 김형기, 김선진, 한유현, 민주홍, 전태환, 전태연, 양문현, 최창우
외주스태프 사진 강정호

펴낸곳 다산북스 **출판등록** 2005년 12월 23일 제313-2005-00277호
주소 경기도 파주시 회동길 490 다산북스 파주사옥 3층
전화 02-702-1724 **팩스** 02-703-2219 **이메일** dasanbooks@dasanbooks.com
홈페이지 www.dasanbooks.com **블로그** blog.naver.com/dasan_books
종이 월드페이퍼(주) **출력 · 제본** 스크린 그래픽 **후가공** 이지앤비 특허 제10-1081185호

© 2014, 김경익 · 박성현

ISBN 979-11-306-0346-9 (13320)

다산북스(DASANBOOKS)는 독자 여러분의 책에 관한 아이디어와 원고 투고를 기쁜 마음으로 기다리고 있습니다.
책 출간을 원하는 아이디어가 있으신 분은 다산북스 홈페이지 '원고투고'란으로 간단한 개요와 취지, 연락처 등을 보내주세요.
머뭇거리지 말고 문을 두드리세요.